Elisabeth C. Gründler, Norbert Schäfer

Kita-Gelände naturnah gestalten

Außenräume gemeinsam planen und bauen

Unterstützt durch das Ministerium für Umwelt, Landwirtschaft, Ernährung, Weinbau und Forsten des Landes Rheinland-Pfalz

Bei Fragen und Anregungen wenden Sie sich bitte an unsere Berater:
Marketing, 14328 Berlin, Cornelsen Service Center,
Servicetelefon 030/89 785 89 29

Weitere Informationen finden Sie im Internet unter:
www.cornelsen.de/fruehe-kindheit
www.stadt-und-natur.de/naturnahe-spielraeume

Bibliografische Information: Die Deutsche Bibliothek verzeichnet diese Publikation in der Deutschen Nationalbibliografie; detaillierte bibliografische Daten sind im Internet über http://dnb.ddb.de abrufbar.

1. Auflage 2011
© 2011 Cornelsen Verlag Scriptor GmbH & Co. KG, Berlin

Das Werk und seine Teile sind urheberrechtlich geschützt. Jede Nutzung in anderen als den gesetzlich zugelassenen Fällen bedarf deshalb der vorherigen schriftlichen Einwilligung des Verlags. Hinweis zu den §§ 46, 52a UrhG: Weder das Werk noch seine Teile dürfen ohne eine solche Einwilligung eingescannt und in ein Netzwerk eingestellt oder sonst öffentlich zugänglich gemacht werden. Dies gilt auch für Intranets von Schulen und sonstigen Bildungseinrichtungen.

Lektorat: Eva Killmann von Unruh, München
Herstellung: Uwe Pahnke, Berlin
Satz: Markus Schmitz, Büro für typographische Dienstleistungen, Alternberge
Umschlaggestaltung & Innenlayout: Claudia Adam Graphik Design, Darmstadt
Titelfotografie: shutterstock images, New York, USA
Druck und Bindung: orthdruk, Bialystok, Polen

ISBN 978-3-589-24737-0

Elisabeth C. Gründler, Norbert Schäfer
Kita-Gelände naturnah gestalten

Elisabeth C. Gründler, Jahrgang 1949, Studium der Rechtswissenschaft, Romanistik und Politik. Zwanzig Jahre Berufspraxis als Schulpädagogin, seit 1994 freie Journalistin und Buchautorin. Ihre Themen: Wirtschaft, Psychologie und Lernprozesse. Arbeit als freie Trainerin und Lehrbeauftragte in der Erwachsenenbildung. Auszeichnung: Friedrich-Vogel-Preis für Wirtschaftsjournalismus im Jahr 2000.

Norbert Schäfer, Jahrgang 1957, Landschaftsarchitekt, 1990 Mitbegründer des Büroverbundes STADT+NATUR. Sein Schwerpunkt ist die Gestaltung von kindgerechten Spielräumen unter Beteiligung der Zielgruppe bei Planung und Bau. Auszeichnungen: Verdienstorden und Umweltpreis des Landes Rheinland-Pfalz, Dekadeprojekt der UNESCO.

Inhalt

Vorwort

„Ihr geht jetzt alle raus!" – das sagten Mütter früher durchaus liebevoll, wenn ihnen die Spiele ihrer Kinder in der Wohnung zu laut wurden. Und die ließen sich das nicht zweimal sagen. Draußen fanden die Kinder alles, was sie brauchten: Platz genug auf Bürgersteig und Straße, in Gärten, Wiesen, Wäldchen und auf Brachen. Die Nachbarskinder als Spielgefährten waren auch dort, die Abenteuer konnten beginnen. „Draußen" war der Ort, wo Kinder spielten – weder Eltern noch Pädagogen mussten sich über seine Gestaltung irgendwelche Gedanken machen. „Draußen" erlebten die Kinder Natur, sie war selbstverständlicher Teil ihres Lebens.

Dieses „draußen" gibt es nicht mehr. Der Raum, in dem Kinder gefahrlos spielen konnten, ist heute aufgezehrt durch verkehrsreiche Straßen oder Parkplätze, geschlossene Häuserzeilen oder Garagenhöfe, wo Ballspielen verboten ist. Im öffentlichen Raum können sich Kinder nur noch unter der Aufsicht Erwachsener bewegen. Fernsehen und Computer haben langes Stillsitzen zur Folge, sie lähmen Fantasie und Eigeninitiative der Kinder. Die Wissenschaft hat längst erkannt, dass Kinder sich nicht mehr gesund entwickeln können, wenn sie keine Möglichkeiten finden, im Spiel spontan ihrem Bewegungsdrang und ihrer Fantasie freien Lauf zu lassen. Deswegen sind heute die Kindertageseinrichtungen gefordert, diese Räume wieder zu schaffen, indem sie ihr Außengelände naturnah und kindgerecht gestalten. Dazu arbeiten die Fachdisziplinen Landschaftsarchitektur und Pädagogik eng zusammen. Mit dem Fachwissen der Planer wird für das vorhandene Gelände ein Konzept entwickelt, der Boden wird modelliert und einzelne naturnahe Elemente werden aufgebaut. Die Pädagogik und die in ihr enthaltenen Fachwissenschaften wie Entwicklungspsychologie und -biologe sowie die Neurologie liefern den Planenden die Entscheidungsgründe für das Konzept. In ein gelungenes naturnahes Gelände fließen also Planer-Know-how und Pädagogik stets in gleichem Maße ein. Aus unserer Sicht ist eine naturnahe Gestaltung dann am nachhaltigsten, wenn sie als Beteiligungsprojekt realisiert wird. Auf diese Weise haben alle Akteure, Erwachsene wie Kinder, Kita-Team, Träger und Eltern die Möglichkeit, ihre Vorstellungen einzubringen, mit zu planen und auf der Baustelle aktiv zu werden. Ein Beteiligungsprojekt bietet Raum für Lernprozesse von Erwachsenen und Kindern.

Wir beschreiben in Teil 1 zunächst, was man im Außengelände einer Kindertages-einrichtung sehen kann – aus dem Blickwinkel eines Laien. Dann erläutern wir die pädagogischen Grundlagen, die uns als Leitlinien für die kindgerechte Gestaltung eines Geländes dienen.

Anschaulich und praktisch sind in Teil 2 die Gestaltungselemente des naturnahen Geländes dargestellt. Hier werden anhand konkreter Situationen und verschiedener Beispiele zwölf Gestaltungselemente des naturnahen Geländes detailliert beschrieben und erläutert. Dabei gehen wir auch auf Sicherheitsaspekte und Sicherheitsnormen ein, Einzelheiten finden sich in den Schriften der Unfallkasse und in den Fachhandbüchern, über die alle Planer verfügen.

In Teil 3 wird gezeigt, wie man Schritt für Schritt die Umgestaltung eines Kindergartengeländes in ein naturnahes verwirklichen kann, indem man ein Beteiligungsprojekt organisiert. Konkrete To-do-Listen für die Organisation der einzelnen Bauaktionen finden sich im Anhang und unter http://www.stadt-und-natur.de/naturnahe-spielraeume.

Wir bedanken uns bei allen, die uns mit Rat und Tat zur Seite gestanden haben. Unser besonderer Dank gilt dem Ministerium für Umwelt, Landwirtschaft, Ernährung, Weinbau und Forsten des Landes Rheinland-Pfalz. Es hat die naturnahe Gestaltung u. a. von Außengeländen von Kindertageseinrichtungen in Form von Beteiligungsprojekten seit Jahren gefördert. Die dabei gesammelten Erfahrungen bilden eine wichtige empirische Grundlage für dieses Handbuch. Die Recherchen zu diesem Buch wurden dank einer Förderung durch das Ministerium möglich.

Berlin und Klingenmünster im April 2011

Elisabeth C. Gründler und Norbert Schäfer

I | Grundkonzeption für ein naturnahes Außengelände

1 | Die planerischen Grundlagen

1.1 | Ein Gang durch ein naturnahes Gelände

„Wo spielen hier 60 Kinder?", wundert sich Peter O., als er an einem Junimorgen gegen 10.30 Uhr das Tor zum Kindergarten öffnet und sein Fahrrad abstellt. Der Postbote kommt vom benachbarten Schulzentrum, wo gerade große Pause war. Der Lärm, der ihn dort empfangen hatte, gellt ihm noch in den Ohren. Peter O. hat seine Tour neu übernommen, er ist noch dabei, sich zu orientieren.

Für die Sinne: Lavendel duftet gut

„Hallo, Herr O.", wird er von einer jungen Frau begrüßt, die zusammen mit einer anderen in einem großen Halbrund aus Steinquadern entspannt in der Sonne lehnt. „Ach, hier sind Sie, Frau Schulz!", erwidert der Postbote, „ich habe ein Päckchen für Sie bei Ihrer Nachbarin abgegeben". Die Angesprochene bedankt sich und nimmt ihr Gespräch wieder auf. Die jungen Frauen haben je einen Kinderwagen vor sich stehen, der jedoch leer ist. Die beiden Mütter begleiten ihre Erstgeborenen während der Eingewöhnungsphase in den Kindergarten. Die Dreijährigen sind schon längst unterwegs, um die neuen Spielmöglichkeiten zu erkunden. Und während ihre jüngeren Geschwister in Sichtweite der Mütter in einer Sandmulde spielen, genießen diese den ruhigen Moment zum Gedankenaustausch.

Als Peter O. einige Schritte in Richtung Eingang getan hat, rollt ihm ein Ball vor die Füße. Auf dem Rasen zu seiner Linken wird gekickt. Eine Gruppe von fünf Jungen hat sich mit Holzstücken ein Tor markiert. Peter O. schießt den Ball zurück, doch mehr als ein knappes „Danke!" erhält er nicht. Das Spiel auf dem Rasen geht weiter. Ein zweiter Ball kommt aus einer anderen Richtung und landet in einem Staudenbeet. Eine Wolke von Lavendelduft steigt auf. „Fast wie im Süden", denkt der Postbote und wendet sich wieder seiner Arbeit zu.

Schon von Weitem erkennt er an der Eingangstür das gleiche Schild wie am Vortag: „Sind alle im Garten, Post bitte in der Küche abgeben." So wendet er sich nach links, denn die Küche liegt auf der Rückseite des Gebäudes.

„Tatütata!" tönt es ihm entgegen, untermalt von lautem Klingeln und Hupen. Peter O. springt zur Seite und balanciert nun fast auf den Steinen, die den Weg säumen. Mehrere Dreiräder, Spielautos und Fahrradtaxis fahren an ihm vorbei. „Wir sind die Feuerwehr!", wird er aufgeklärt. „Polizei kommt auch gleich." So geht der Postbote lieber am Rand des befestigten Weges weiter, der zugleich Fahrzeugparcours und Rennstrecke ist. Zu seiner Linken erkennt er weitere Fahrzeuge. Vor einem Schuppen mit vorgezogenem Dach ein Durcheinander von Kettcars, Drei- und Zweirädern, so als hätten die Fahrerinnen und Fahrer zum ordentlich Einparken keine Zeit gehabt. Zwei Mädchen, etwa drei Jahre alt, mühen sich, aus dem Schuppen ein Dreirad hervorzuzerren.

Als Peter O. um die Ecke biegt, kommen ihm drei Radfahrerinnen entgegen. Das Gelände hat hier Gefälle, die Mädchen fahren ungebremst. Sie legen sich dabei geschickt in die Kurve und klingeln heftig.

„Die hier ist süß!", hört er eine Stimme von rechts. Peter O. erkennt drei Stachelbeersträucher, an denen Kinder mit der Ernte der Früchte beschäftigt sind. Die Johannisbeeren daneben sind mit Tüchern verhängt, wohl um ihnen eine Chance zu geben, reif zu werden. An der Hauswand gegenüber klettern mehrere Kinder. Peter O. erkennt Haltegriffe in drei Meter Höhe und schaut lieber nicht so genau hin. Klettern ist nicht sein Sport, ihm würde schwindelig dabei. „Dass das hier erlaubt ist", wundert er sich und ist froh, dass er solche Spiele nicht beaufsichtigen muss. Sein Weg führt vorbei an Pflanzkübeln und einer Kräuterspirale, wo eine Gruppe von Kindern zusammen mit einer Erzieherin aktiv ist.

Kräuterspirale

„Peng, peng – du bis tot!", hört er von irgendwoher eine Stimme. Doch der Postbote entscheidet, dass er nicht gemeint sein kann. Rechts erkennt er zwei Weidentipis, wo mehrere Jungen mit Stöcken aufeinander angelegt haben. Hier scheint ein Kampf zu toben. Er nickt einer Erzieherin zu, die nach einem prüfenden Blick in die Runde vom Getümmel unbeeindruckt bleibt und mit anderen

Kindern Pflanzen betrachtet, die diese auf einem Baumstamm ausgebreitet haben. Im Gehölz dahinter ist mächtig Bewegung, Kinder klettern und bauen – Genaues ist nicht erkennbar. Der Weg führt nun an einer Balancierstrecke aus Stämmen und Pfosten vorbei. Eine Dreijährige versucht, von einem senkrechten Pfosten zum anderen zu gelangen. „Genau wie gestern", denkt Peter O. verwundert und fragt sich, was den Reiz dieser Hölzer ausmacht.

Peter O. klopft an die Küchentür und drückt gleichzeitig die Klinke herunter. Ein Duft von Gebratenem schlägt ihm entgegen. „Hmmm, Pfannkuchen", schnuppert er genießerisch und fühlt sich in Kindertage zurückversetzt. Das Angebot, zu bleiben und zu kosten, lehnt er lachend ab und legt die Post auf den Tisch. Im Laufschritt eilt er weiter. Auf dem Rasen neben dem Weg ist eine Gruppe von Kindern dabei, aus Brettern, Hölzern und Stöcken eine Hütte zu bauen. Ein Mädchen klopft rhythmisch auf ein metallenes Rohr, das aus der Erde ragt. Immer wieder hält es inne, als ob es auf eine Antwort lauscht.

An der nächsten Ecke erkennt Peter O. mehrere Kinder, die in einem Hügel aus schwarzer Erde graben. Zwei lassen sich hinunterrollen, kreischend vor Vergnügen. Die Spuren der Erde tragen die Kinder in den Haaren und der Kleidung, im Gesicht und auf Armen und Beinen – doch das Spiel genießen sie in vollen Zügen. Peter O. sieht auf einmal das Gesicht seiner Mutter vor sich, wie sie ihn anschaute, wenn er mit solchen Spielspuren nach Hause kam.

Hinter der nächsten Kurve steht der Postbote plötzlich vor einem Bachbett, wo Kinder mit Eimern und Schaufeln einen Kanal bauen. „Wollen Sie eine Runde mitspielen?", begrüßt ihn ein Erzieher, „oder haben Sie sich verlaufen?!"

„Äh, ich denke mal, verlaufen", antwortet Peter O. Sein Blick fällt auf die Schlammpfütze vor ihm – das hätte ihm jetzt gerade noch gefehlt, da durch zu waten! Der Postbote tritt den Rückzug an und sieht dabei, wie auf einem Hügel ein Dreijähriger aus Leibeskräften an einer Handpumpe arbeitet, dass es nur so spritzt.

Peter O. findet den Hauptweg wieder und sein Blick fällt auf eine breite Rutsche. Zwei Mädchen proben, gemeinsam bäuchlings zu rutschen, weitere Kindern ziehen sich an einem Seil auf einer Holzschräge hoch. An den Schaukeln gegenüber herrscht Hochbetrieb. Hier wird offensichtlich gerade ermittelt, wer es schafft am höchsten zu schaukeln. Daneben liegen mehrere Baumstämme in einer Mulde, wie Mikados lässig hingeworfen. Zwei Mädchen balancieren drauf, andere bauen darunter eine Hütte. Zwei Jungen schaufeln Mulch in eine Schubkarre. Eine Erzieherin nickt ihm zu. „Was arbeiten die hier eigentlich?", fragt sich Peter O. „Die

Kinder spielen doch ganz allein?" Und er überlegt, ob die Arbeit im Kindergarten nicht doch ein ganz guter Job wäre.

Endlich ist der Postbote wieder bei seinem Fahrrad angelangt. Er beeilt sich fort zu kommen, denn er hat noch eine längere Tour vor sich. „Für dich!", sagt eine Vierjährige zu ihm, die neben dem Eingangstor in einem Kräuterbeet hockt. Sie streckt ihm ein Sträußchen aus drei Lavendelblüten entgegen. Solch ein Geschenk kann Peter O. natürlich nicht zurückweisen und steckt sich die Blütenstängel an das Revers. „Riecht gut", wird er noch aufgeklärt, bevor er das Tor hinter sich schließt.

1.2 | Auf den zweiten Blick: Die Terrasse vor dem Gruppenraum als Übergangsbereich

Nicht alle Funktionen dieses gerade aus der Sicht des Postboten beschriebenen naturnahen Geländes erschließen sich dem Besucher auf den ersten Blick. Den Gruppenräumen vorgelagert sind jeweils überdachte Terrassen, die durch Pergolen geschützt sind. Diese Übergangsräume zwischen Innen und Außen erfüllen mehrere Funktionen. Es sind „Zwischenräume", die Merkmale von beiden Bereichen tragen. Wichtig für Kinder ist der direkte Zugang nach draußen. Je nach Konzept und Regeln des Kindergartens wird durch diese Bauweise die Möglichkeit geschaffen, sich spontan für das Spielen im Gelände zu entscheiden. Durch die Überdachung ist man auf der Terrasse vor Regen geschützt. Hier kann man frühstücken, hier finden Aktivitäten statt, die im Innenraum viel zu aufwendig zu organisieren wären. Matschhosen und Gummistiefel können zum Beispiel auf der Terrasse verwahrt werden. Und wenn das Umziehen für das Matschvergnügen hier stattfindet, vermindert sich der Reinigungsaufwand im Gebäude. Erzieherinnen und Erzieher können von der Terrasse aus sowohl den Gruppenraum als auch Teile des Außengeländes im Blick behalten. Bei Sommerhitze ist die Terrasse ein beliebter Schattenplatz, wohin sich viele Aktivitäten verlagern. Die Terrassen lassen sich mit Pflanzkübeln individuell gestalten und die Kinder können vom Innenraum aus das Wachstum von Pflanzen beobachten. Gerade im Vorfrühling und Frühjahr ist das für die Kinder von großem Interesse. Die Kinder beobachten von der Terrasse aus auch Vögel, Schnecken oder Würmer – und manchmal geraten sogar Eichhörnchen oder Igel in den Blick.

Solche Übergangsbereiche sind geschützte Räume für vielfältige Aktivitäten. Gerade auch jüngere Kinder treten von hier aus gern ihre Erkundungsgänge in das naturnahe Außengelände an und vergrößern dabei Schritt für Schritt ihren Ra-

Herbst: Spielen im Laub

dius. Insgesamt wird durch die Terrassen die Nutzungszeit des Außengeländes verlängert. Fast jedes Kindergartenteam, das sein Gelände in ein naturnahes umgestaltet hat, kann erleben, wie die Kinder nun länger und lieber draußen spielen, schon allein wegen der größeren Zahl attraktiver Spielmöglichkeiten. Der Wechsel der Jahreszeiten schafft im naturnahen Gelände immer wieder neue Erkundungsmöglichkeiten für die Kinder: Im Frühjahr erleben sie das Keimen der Pflanzen und das Grünen von Bäumen und Sträuchern, Früchte und Beeren im Sommer, Nüsse, Kastanien, Eicheln und buntes Laub im Herbst, Raureif und überfrorene Pfützen im Winter. Auch Schnee- und Regentage haben ihre Reize für die Kinder – wenn die eigene Haut dank Schutzkleidung trocken bleibt, können Pfützen sehr spannend sein. Im naturnahen Gelände, so die Erfahrung zahlreicher Teams, wollen viele Kinder das ganze Jahr über draußen spielen.

2.1 | Das Entwicklungsbedürfnis nach Bewegung

Bewegung ist eine grundlegende Eigenschaft von Leben. Das gesunde Neugeborene bewegt sich von der ersten Lebensminute an. Noch sind seine Bewegungen reflexhaft: Greif-, Saug- und Schreitreflex, die von Sinnesorganen und Nervenrezeptoren ausgelöst und vom Zwischenhirn gesteuert werden. Es dauert mehrere Jahre, bis das Kind alle zielgerichteten Bewegungen wie Aufrichten, Sitzen, Gehen, Laufen, Rennen selbstständig und selbst gesteuert ausführen kann. Und bis es alle Bewegungen beherrscht wie ein Erwachsener braucht es mehr als ein Jahrzehnt. Vom Fahrradfahren im Sinne von motorischer Beherrschung des Gerätes bis hin zur sicheren Orientierung in komplexen Situationen wie dem Straßenverkehr sind viele Jahre an Lern- und Entwicklungszeit notwendig. Bewegung baut sich auf durch Bewegung! Nur durch Aktivität, also durch Bewegung selbst, entwickelt das Kind auch seine Bewegungsfähigkeit. Aus reflexhaft gesteuerten Bewegungen baut das Kind in den ersten Lebensjahren zielgerichtete Bewegungen auf. Die ersten Versuche zu greifen, werden bei gesunden Kindern im dritten Lebensmonat beobachtet. Die geduldige Wiederholung führt zum Aufbau immer komplexerer Bewegungsmuster und Bewegungskompetenz. Dieser Prozess braucht Zeit und Raum. Und an den Raum sind je nach Alter und Entwicklungsbedürfnissen des Kindes ganz unterschiedliche Anforderungen zu stellen. So kann zum Beispiel ein 13 Monate altes Kind, das Laufen übt, dies nicht im gleichen Raum bzw. auf gleicher Strecke tun, wie ein Vierjähriger, der das Fahrradfahren meistern will.

In der mobilen Gesellschaft bewegen sich die Menschen immer weniger aus eigener Kraft. Unsere Gesellschaft ist gekennzeichnet durch steigende Mobilität und Beschleunigung bei gleichzeitig wachsender Bewegungslosigkeit. Im Auto-, Bahn- oder Flugzeugsitz verbringen Eltern und Kinder immer mehr Zeit, um von einem Ort zum anderen zu gelangen. Angeschnallt mit Sicherheitsgurten, halb liegend, mit sehr beschränkter Sicht auf die Welt und reduzierter Erfahrungsmöglichkeit, jedoch hochgradig sicher, gehen Kindern während solcher Transporte Aktivitätszeit und Entwicklungsmöglichkeiten verloren. Kein Wunder, dass die meisten Kleinkinder in solchen Situationen einschlafen. Verglichen mit diesen Hochsicherheits-Transport-Sitzen, zum Beispiel auch an Einkaufswagen von Supermärkten, waren die Laufställchen, die noch Mitte des 20. Jahrhunderts zur Kinderzimmerausstattung gehörten, wahre Bewegungslandschaften. Auch im ländlichen Raum haben Erzieherinnen und Erzieher beobachtet, dass ein großer Teil der Kinder außerhalb des Kindergartens kaum Gelegenheit hat, im Freien zu spielen und sich entsprechend zu bewegen. Die Gründe sind vielschichtig: die Forderung nach beruflicher Mobilität mit entsprechend langen Anfahrtswegen zur Arbeit; die Berufstätigkeit beider Eltern oder mangelndes Wissen um die Entwicklungsbedürfnisse von Kindern. Viele Kinder zwischen zwei und sechs Jahren haben heute als Bewegungsraum kaum mehr als die Wohnung zur Verfügung, wo sie zudem noch oft als Störfaktoren wahrgenommen werden. Fernsehkonsum führt immer zu Bewegungslosigkeit bei Kindern.

Das naturnahe Gelände als Bewegungsraum

In diesem Zusammenhang gewinnen naturnah gestaltete Außengelände als Entwicklungsräume für Kinder vom Krippenalter bis zum Schuleintritt eine völlig neue Bedeutung. Solche Gelände können kompensieren, was aus der Lebensumwelt der Kinder verschwunden ist: Räume, in denen das Kind gefahrlos, den eigenen Entwicklungsbedürfnissen entsprechend, seine Bewegungen erproben kann; Räume, die vielfältige, interessante Bewegungsanreize bieten und in denen das Kind vieles ausprobieren kann, wo es Fehler machen darf und sich selbst gesteuert immer komplexere Bewegungen erarbeiten kann. Denn soviel weiß man heute: Ohne eine gesunde Entwicklung der Motorik können Sprache und Kognition sich ebenfalls nicht entwickeln. Ein Kind, das nicht hüpfen und nicht mehr rückwärts gehen kann, wird Schwierigkeiten haben, Rechnen zu lernen und Subtraktion zu begreifen. Auch in seiner sozialen Entwicklung wird es beeinträchtigt. Auf einem naturnah gestalteten Gelände können gezielt Bedingungen geschaffen werden, die Kinder zur Entwicklung ihrer Bewegungsfähigkeit brauchen. Wie das im Einzelnen aussehen kann, wird im Folgenden beschrieben.

2.2 | Das Entwicklungsbedürfnis nach Sinneserfahrung

Kinder sind Sinneswesen. Erwachsene auch – ebenso wie alle höheren Säugetiere. Erwachsene haben jedoch bereits ihre Sprache entwickelt und ihren Verstand, während ein Neugeborenes diesen mehr als zwei Jahrzehnte dauernden Prozess noch vor sich hat. Nur über seine Sinne kann ein Kleinkind die Welt begreifen. Durch Tasten, Schmecken, Fühlen, Riechen und Sehen sammelt es Erfahrungen und macht sich einen Begriff von der Welt. Auf diese Weise baut es nach und nach seine kognitiven und sprachlichen Kompetenzen auf. Ein Neugeborenes kommt mit einer nur rudimentär ausgebildeten Sinneswahrnehmung auf die Welt, die für das bloße Überleben vorgesehen ist: Es sieht nur etwa 15 bis 20 Zentimeter weit und erkennt das Gesichtsschema von Augen und Mund. Sein Klammerreflex ist ein Überbleibsel aus evolutionärer Vorzeit, sinnlos geworden für den unbehaarten Homo sapiens. Doch aus diesem schon bei der Geburt funktionslosen Reflex baut das Menschenkind nach und nach sein zielgerichtetes Greifen auf – vorausgesetzt, es findet etwas, wonach es greifen kann. Noch sind Zunge und Lippen seine Haupttastorgane, im Laufe des zweiten Lebensjahres übernehmen jedoch Hände und Haut diese Funktion. Während seiner ganzen wachen Zeit sammelt das Kleinkind Erfahrungen mit seinen Sinnen: Es tastet, lauscht, riecht, schmeckt und sieht. Diese Sinneserfahrungen koordiniert es in zigfacher Wiederholung und Übung und in Resonanz zu den Menschen seiner Umgebung, die mit ihm sprechen, und bildet sich auf diese Weise einen Begriff von der Welt in Übereinstimmung mit seiner Kultur.

Lernen mit den Sinnen

Ein Kleinkind kann nur über seine Sinne lernen, es hat keinen anderen Zugang zur Welt. Noch bis weit in das Schulalter hinein bleibt das kindliche Lernen an konkrete Sinneserfahrung und Handlungen gekoppelt. Vom normalen Hirnreifeprozess her ist ein rein logisch-sprachliches Lernen frühestens ab einem Alter von zwölf Jahren möglich. Ein Kind kann nur dann ein wirkliches Verständnis für Begriffe wie „warm", „kalt" oder „nass" und „glitschig" aufbauen, wenn es tatsächlich mit seinen Sinnen diese Qualitäten der Dinge erkundet und erfahren hat – wiederholt und in verschiedenen Situationen. Fehlen solche Erfahrungsmöglichkeiten – wie dies in der tech-

Riechen am Lavendel

nisierten Umwelt, wo Anfassen eher „Gefahr" bedeutet, zunehmend der Fall ist –, sind kognitive und sprachliche Defizite die Folge. Seit mehr als zwei Jahrzehnten wird ein sinkendes Sprach- und Sprechvermögen von Kleinkindern beobachtet. Fernsehkonsum zieht die Kinder zusätzlich in einen von Sinneserfahrung entleerten Raum. Das Ergebnis ist ein Verstummen sowie eine Zunahme von Sprachstörungen.

Hier bildet das naturnahe Gelände einen Sinneserfahrungs-Raum mit Möglichkeiten, die aus dem konkreten Alltag der meisten Kinder verschwunden sind: Erde, Wasser, Pflanzen, Steine, Lebewesen und Düfte. Solche Sinneserfahrungen waren früher selbstverständlicher Alltag und bedurften weder pädagogischer Überlegungen noch besonderer Vorkehrungen. Heute jedoch müssen die Räume dafür gezielt geschaffen werden, damit das Kind in eigener Aktivität gefahrlos grundlegende Sinneserfahrung sammeln kann. Kinder sind langsam. Je jünger sie sind, umso mehr Zeit brauchen sie. Im naturnahen Gelände können Kinder in ihren eigenen Zeittakt zurückfinden.

2.3 Das Entwicklungsbedürfnis nach symbolischem Spiel

Spielen ist eine genetische Anlage, die der Mensch mit allen höheren Säugetieren teilt. Auch junge Katzen oder Hunde üben spielerisch Verhaltensweisen wie Jagen, Fangen und Flucht, die für sie überlebensnotwendig sind. Menschenkinder ahmen die Erwachsenen nach, wo und wie immer sie können, und üben dabei spielerisch die spezifisch menschlichen Fähigkeiten der Sprache und Imagination. Etwa ab dem achten Lebensmonat hat beim gesunden Kind die Hirnreife eine Stufe erreicht, in der sich die Struktur des permanenten Objektes (Jean Piaget) herauszubilden beginnt. Das heißt, ein Kind entwickelt nun innere Bilder von Personen und Gegenständen und vermag sie sich vorzustellen, auch wenn es den Menschen oder das Spielzeug gerade nicht sieht. Während für ein etwa sechs Monate altes Kleinkind ein Mensch, der zur Tür hinausgegangen ist, nicht mehr zu existieren scheint, und dies bei ihm entsprechende Katastrophengefühle auslöst, wenn es sich um Vater oder Mutter handelt, ist ein etwas älteres Kind in der Lage, in seiner Vorstellung ein Bild von der Person zu erzeugen. Es symbolisiert den Menschen oder Gegenstand in seinem Inneren. Auf dieser Fähigkeit, Symbole zu erzeugen, beruht unsere Kultur. Alle sozialen Fähigkeiten wie Mitgefühl, Empathie oder Vorausschau können nur entstehen, wenn der Mensch sich seinen Mitmenschen vorzustellen und sich in dessen Gefühle hineinzuversetzen vermag. Der Umgang mit abstrakten Symbolen wie Zahlen oder Buchstaben, der die grundlegende Voraussetzung für die Teilhabe an der menschlichen Kultur bildet, wird nur möglich, wenn sich das symbolische Denken vom Kleinkindalter an im symbolischen Spiel entwickelt. Es ist also eine der Hauptaufgaben kindlichen Lernens, sich symbolisches Denken und Handeln zu erarbeiten. Medium und Mittel dazu ist das symbolische Spiel.

Doch auch für das symbolische Spiel sind Zeiten und Räume in der von Medien und Computern dominierten Lebenswelt geringer geworden. In der Ein-Kind-Familie finden sich spontan keine Spielkameraden mehr, und die natürlichen

Räume, wo Kinder gefahrlos eigenen Spiele spielen und sich eine eigene Welt erschaffen können, sind selten geworden. Diesen Mangel kann das naturnahe Außengelände kompensieren.

Bewegung, Sinneserfahrung und symbolisches Spiel sind die grundlegenden Entwicklungsbedürfnisse jedes Kindes. Fehlen ausreichende Möglichkeiten zur Bewegung, zur Sinneserfahrung und zum symbolischen Spiel, kann ein Kind sich nicht gesund entwickeln. Weil in unserer hochtechnisierten Welt diese kindlichen Entwicklungsbedürfnisse immer weniger befriedigt werden können, ist es notwendig, durch die gezielte Gestaltung eines naturnahen Geländes gegenzusteuern und auf diese Weise Kindern in Tageseinrichtungen Entwicklungsmöglichkeiten zu bieten, die sie sonst nicht mehr finden.

Die Verbindung von pädagogischen und planerischen Grundlagen

Gestalterisch haben sich solche Elemente im naturnahen Gelände bewährt, die jeweils eines der drei grundlegenden Entwicklungsbedürfnisse des Kindes – Bewegung, Sinneserfahrung und symbolisches Spiel – in den Vordergrund stellen. Zwölf dieser Gestaltungselemente werden in Teil 2 dieses Buches beispielhaft beschrieben. Sechs Gestaltungselemente befriedigen vorrangig das kindliche Bedürfnis nach Bewegung: Durch Modellierung des Bodens mit Hügeln und Mulden können sich die Kinder mit der Schwerkraft auseinandersetzen. Das Pflanzen von Gehölzen verlockt sie zum Klettern und Balancieren, wozu das naturnahe Gelände auch mit Baumstämmen, Hölzern oder Findlingen gestaltet werden kann. Ein Fahrzeugparcours sowie Spielgeräte wie Rutsche oder Schaukel, die in das naturnahe Gelände eingepasst werden, erweitern das Bewegungsangebot. Möglichkeiten zur Sinneserfahrung erhalten die Kinder durch einen Wasser- und Sandspielbereich sowie bestimmte Anpflanzungen, die gleichzeitig Lebensraum sind für Insekten und andere Kleintiere. Auch Nutzpflanzen bieten in dieser Hinsicht viele Möglichkeiten. Sinneserfahrungen können die Kinder auch mit einer Fülle von Naturmaterialien sammeln. Das symbolische Spiel wird im naturnahen Gelände unterstützt, indem mit Gehölzen oder auf andere Weise Rückzugsorte für die Kinder geschaffen werden.

Weil jedes der zwölf Gestaltungselemente jeweils ein grundlegendes kindliches Entwicklungsbedürfnis – Bewegung, Sinneserfahrung und symbolisches Spiel – vorrangig unterstützt, erhöht sich aus pädagogischer Sicht die Nutzbarkeit eines naturnahen Geländes. In der Vergangenheit war es zum Beispiel üblich – das kann man vielerorts noch sehen –, eine Rutsche im Sandkasten enden zu lassen. Es wurde nicht unterschieden zwischen Sand als Element von Sinneserfahrung und Sand als Fallschutz. Die Folgen kennen alle Eltern und Profis: Mit ihrer grobmotorischen Aktivität des Rutschens stören einige Kinder andere, die ruhig, mit ihren Sinnen aktiv sind und im Sandkasten spielen. Beides, die Bewegung und die Sinneserfahrung, sind echte kindliche Entwicklungsbedürfnisse. Solche „Fehlplanungen" – man wusste es in der Vergangenheit nicht besser – nötigen die Erwachsenen zu erhöhter Wachsamkeit und Kontrolle, um zu verhindern, dass die Kinder sich gegenseitig verletzen. Denn man kann von einem Drei- oder Vierjährigen, der mit Mühe den Rutschenaufgang erklommen hat und nun vielleicht seine ersten Erfahrungen mit dem Rutschen macht, nicht erwarten, dass er die Bedürfnisse von Gleichaltrigen, die in Ruhe im Sand spielen wollen, schon im

Blick hat. Gleichzeitig verhindert jedoch ständiges Eingreifen von Erwachsenen eine ungestörte, selbst gesteuerte Aktivität der Kinder. Die hier vorgeschlagene Planung, getrennte Bereiche für grobmotorische Bewegung und Sinneserfahrung, zum Beispiel mit Sand, zu bauen, schafft mehr Raum für die kindlichen Entwicklungsbedürfnisse, ohne das Gelände um einen Quadratmeter erweitern zu müssen.

Obwohl diese Zuordnung der naturnahen Gestaltungselemente zu den Entwicklungsbedürfnissen des Kindes von großer praktischer Bedeutung ist, sollte man jedoch gleichzeitig nicht aus den Augen verlieren, dass diese Trennung eine analytisch-theoretische ist, die aus der Perspektive von Erwachsenen vorgenommen wird. Kinder sind spontan und leben ganz und gar in der Gegenwart. Während sie auf dem Fahrrad ihr Gleichgewicht erproben und ihre Bewegungskompetenz trainieren, sind sie gleichzeitig Polizistin oder Feuerwehrmann. Während sie mit allen Sinnen Sand oder Wasser erkunden und genießen und dabei feinmotorisch aktiv sind, bauen sie sich eine Welt aus Wasserstraßen, Hügeln, Steinen und Zapfen auf, deren genaue Bedeutung nur sie selbst und ihre Mitspieler kennen. In ihrem Lebensprozess, der gleichzeitig ein ständiger, komplexer Lernprozess ist, sind Bewegung, Sinneserfahrung und symbolisches Spiel untrennbar miteinander verbunden.

Bewegung, Sinneserfahrung und symbolisches Spiel hängen zusammen

4 | Kinder unter drei auf naturnahem Gelände

Entwicklungspsychologische Grundlagen

Das psychische Grundbedürfnis jedes Kindes ist das Gefühl von Sicherheit und Geborgenheit. Bei Kindern unter drei Jahren entsteht dies durch:

- die Anwesenheit der vertrauten Bindungsperson – Mutter, Vater oder Erzieherin
- die vertraute Umgebung, in der und von der ausgehend das Kind die Welt erkunden kann.

Je jünger ein Kind ist, umso dichter und enger muss die Nähe zur Bindungsperson sein. Während ein Neugeborenes direkten Körperkontakt braucht, um sich sicher zu fühlen, genügt es für ein Kind im Alter von sechs Monaten in manchen Situationen, dass es die Eltern sieht oder hört. Ein Einjähriges kann sich über kurze Zeit sicher fühlen und in Ruhe weiterspielen, wenn es die Mutter im Nebenzimmer weiß. Vergleichbares gilt auch für die Erzieherinnen und Erzieher als Bindungspersonen.

Die physiologischen Entwicklungsbedürfnisse von Kleinkindern sind:

- Bewegung
- Erkundung der Welt mit den Sinnen.

Das Kind macht in den ersten Lebensjahren so große Entwicklungsschritte, wie später nie wieder in seinem Leben. Es lernt, sich vom Rücken auf den Bauch zu drehen und richtet sich auf: erst zum Sitzen, dann zum Stand. Es beginnt, sich aus eigener Kraft durch den Raum zu bewegen, erst kriechend, dann krabbelnd, und schließlich meistert es den aufrechten Gang. Gleichzeitig und parallel dazu entwickelt das Kind gezieltes Greifen. Durch diesen groß- und feinmotorischen Reifungsprozess erweitert es kontinuierlich seinen Radius der Erkundung der Welt. Seine Intelligenz entfaltet sich in dem Maße, wie es Möglichkeiten zur selbst gesteuerten Bewegung und eigenständigen Erkundung seiner Umgebung findet.

Für die Gestaltung naturnaher Außenräume müssen sowohl die psychischen Grundbedürfnisse des Kindes nach Sicherheit und Geborgenheit, als auch seine Entwicklungsbedürfnisse nach Bewegung und Erkundung der Welt mit seinen

Sinnen berücksichtigt werden. Dafür ist es notwendig, nach Alter und Entwicklungsstand der Kinder zu unterscheiden.

Frische Luft für Babys und Kleinkinder

Babys brauchen Natur vor allen Dingen in Form von frischer Luft. Dieses Bedürfnis lässt sich in Kindertageseinrichtungen am besten befriedigen, indem man die Kinder tagsüber draußen schlafen lässt. Und zwar täglich – bei Wind und Wetter, zu allen Jahreszeiten, außer im Winter bei starkem Frost. Mit Decken, Fellen, Schlafsäcken und Kapuzen kann man die Kinder gegen Wind und Kälte gut schützen. Krippen, die mit diesem Konzept arbeiten, haben damit nur gute Erfahrungen gemacht: Die Kinder schlafen besser und länger, sind weniger häufig erkältet. Die Eltern werden von der Aufgabe, das Kind spazieren zu fahren, um es mit frischer Luft zu versorgen, entlastet. Dazu haben sie oftmals aufgrund ihrer Berufstätigkeit, langer Wege zur Arbeit, des Wetters oder früher Dunkelheit im Winter oftmals gar keine Zeit.

Voraussetzung für die tägliche Versorgung mit frischer Luft im Schlaf ist eine überdachte Terrasse oder ein Balkon direkt am Gruppenraum der Babys und Kleinkinder. Dieser offene Raum sollten möglichst ruhig und geschützt sein vor Verkehrslärm und -emissionen, vor Regen, direkter Sonneneinstrahlung sowie den Geräuschen von Kindern und Erwachsenen aus der Einrichtung. Gut ist eine „Sackgassensituation": Es sollte kein Weg, der ständig von Kindern oder Erwachsenen benutzt wird, an dieser Terrasse entlangführen. Optimal sind alte Bäume vor dem Freisitz. Bei Sommerhitze können hier die Bettchen zum Schlafen aufgestellt werden, denn Baumschatten bildet im Außenbereich das beste Klima für die Kleinkinder.

Erkundung der Welt in geeigneter Umgebung

Im ersten Lebensjahr erkunden Kinder die Welt vorrangig mit dem Mund. Lippen, Zunge und Gaumen sind in diesem Alter ihre sensibelsten Tastorgane. Deswegen stecken Babys und Kleinkinder wie „automatisch" alle Dinge in den Mund, sobald sie greifen können. Dagegen hilft kein Erklären oder Verbieten. Vielmehr muss die Umgebung so gestaltet werden, dass den Kindern keine Gefahr droht. Grundsätzlich ist es nicht weiter gefährlich, wenn ein Kleinkind ein wenig Sand oder Erde isst. Auch in einer Eins-zu-eins-Situation mit Vater oder Mutter kommt dies immer einmal wieder vor. Doch in einer Kindertageseinrichtung wäre der Kontrollaufwand für die Erzieherinnen und Erzieher zu hoch. Daraus folgt, dass ein natürlicher Untergrund aus Erde oder Sand für Kinder im ersten Lebensjahr und für solche Kinder, die noch nicht selbstständig gehen können, in Kindertageseinrichtungen nicht sinnvoll ist.

Es spricht nichts dagegen, Kinder im ersten Lebensjahr in einem geschützten Spielgitter auf einer Terrasse oder einem Balkon im Freien spielen zu lassen. Unter mitteleuropäischen Wetterbedingungen ist jedoch der Aufwand, eine solche Spielumgebung herzustellen, für die pädagogischen Fachkräfte hoch. Und für die Kinder ist es nicht unbedingt ein Gewinn, wenn eine solche Situation – zum Beispiel in einem verregneten Sommer – nur gelegentlich realisiert werden kann. Dann ist die Umgebung im Freien immer wieder neu und fremd, was ein Kleinkind verunsichert und am Spielen hindert. Anders ist die Situation, wenn es im Sommer eine längere, stabile Schönwetterperiode gibt. Dann kann dem Kleinkind ein Spielbereich auf Terrasse oder Balkon vertraut werden. In einer Einrichtung ist der tägliche Schlaf im Freien die beste und effektivste Form, Babys mit frischer Luft zu versorgen.

Es spricht auch grundsätzlich nichts dagegen, Kleinkindern im Hochsommer das Spiel mit Wasser zu ermöglichen. Eine Schüssel oder Rinne mit Wasser außerhalb des Spielgitters, aber in Reichweite der Kinder, gibt ihnen die Möglichkeit, dieses Element sicher zu erkunden.

Raum für Kinder, die bereits selbstständig laufen können

Für ein Kind, das selbstständig geht, ist ein gestalteter Außenraum grundsätzlich sinnvoll. Ein Kind, das auf glattem Fußboden bereits laufen kann, findet draußen neue motorische Herausforderungen. Das Gehen auf Rasen, Erde oder unebenen Wegen will gemeistert sein. Kinder üben das in der Regel ausdauernd, weil sich in der naturnah gestalteten Umgebung zahlreiche neue Erkundungsmöglichkeiten bieten. Das Kind trainiert, erweitert und differenziert auf diese Weise seine Bewegungsfähigkeit und baut neue Bewegungsmuster auf; sein Erfahrungshorizont erweitert sich durch die zahlreichen neuen Erlebnismöglichkeiten. Doch nur, wenn es sich sicher und geborgen fühlt, erprobt das ein- bis zweijährige Kind seine Motorik und erkundet die Welt mit seinen Sinnen. Das bedeutet, dass es mit seiner Bindungsperson jederzeit Sicht- oder Rufkontakt aufnehmen können muss. Für ein- bis zweijährige Kinder muss daher der Außenbereich überschaubar und begrenzt sein.

Ein Kleinkind fühlt sich sicher in der gewohnten Umgebung mit den ihm vertrauten Menschen. Wenn es seinen Alltag stets mit denselben sechs, acht oder zehn

Kindern verbringt, reagiert das Kind mit Angst und Unsicherheit, begegnet es im Außengelände plötzlich zahlreichen Kindern und Erwachsenen, die es nicht kennt. Ein Außengelände, wo bei schönem Wetter alle 60 oder 80 Kinder einer Einrichtung spielen, ist für ein Kind unter drei riesig, grenzenlos und unüberschaubar. Ein ungewohnt hoher Lärmpegel kann es zusätzlich verängstigen. Es wird dann die Nähe zu seiner Bindungsperson suchen, jedoch keine Freude an der Erprobung seiner Bewegungen und der Erkundung der Umgebung haben.

Für Krippenkinder ist das Außengelände dann optimal, wenn es eine Erweiterung ihres Gruppenraumes darstellt, wo sie mit den vertrauten Personen eine andersartige Umgebung erkunden können und neue Bewegungsmöglichkeiten finden. Was Erwachsene leicht vergessen: Für ein Kind, das gerade Laufen lernt und nun zum ersten Mal in seinem Leben die Umgebung draußen erkundet, ist alles, was es sehen und greifen kann, neu und überwältigend. Auch für ein Kind, das zum zweiten Mal Frühling, Sommer, Herbst oder Winter erlebt, kann dies eine weitgehend neue Erfahrung sein, denn sein Gedächtnis ist noch nicht so weit entwickelt, dass es früher Erlebtes erinnert.

Wo Kleinkinder sich wohl fühlen, erkunden sie die Welt mit allen Sinnen

Die Struktur des permanenten Objektes

Kleinkinder brauchen mehr Mahlzeiten und mehr Pflege als ältere Kinder. Für die Zwischenmahlzeit am Vormittag mit einem oder allen Kindern den Gruppenraum aufzusuchen, hieße, die Spielzeit draußen so zu verkürzen, dass sie kaum noch Sinn macht. Für eine Gruppe von Kindern unter drei Jahren ist daher im Außenbereich ein Platz notwendig, wo sie Zwischenmahlzeiten einnehmen kann. Die pädagogischen Fachkräfte können dann alles, was für das Essen gebraucht wird, dorthin mitnehmen.

Gleiches gilt für die Pflege: Würde eine Erzieherin mit jeweils einem Kind das Badezimmer aufsuchen, um ihm die Windeln zu wechseln, wäre sie für die übrigen Kinder verschwunden. Diese wären beunruhigt, sie würden ihre Spieltätigkeit aufgeben und nach einiger Zeit vor Verlassenheit zu weinen beginnen. Der Grund liegt darin, dass Kleinkinder die Fähigkeit, innere Bilder zu erzeugen erst noch entwickeln müssen. Sie können sich Menschen und Dinge, die sie gerade nicht sehen, noch nicht vorstellen. Der Biologe Jean Piaget (1896–1980), der als Begründer der Entwicklungspsychologie gilt, prägte dafür den Begriff „Struktur des permanenten Objektes". Der Prozess des Aufbaus dieser Struktur beginnt in der zweiten Hälfte des ersten Lebensjahres und dauert mindestens bis zum Ende des zweiten Lebensjahres. Für ein Baby ist ein Gegenstand, den es nicht sieht, nicht existent. Die Mutter oder die Erzieherin, die aus der Tür gegangen ist, hat aufgehört, zu existieren. Daher kann dieses Ereignis Verlassenheitsangst, ausgedrückt durch Weinen und Schreien, auslösen. Erst durch die oftmals wiederholte Erfahrung des Verschwindens und Wiederauftauchens entwickelt das Kind langsam die Vorstellung, dass Mensch oder Gegenstand noch vorhanden sind, obwohl gerade nicht sichtbar. Guck-Guck-Spiele, die in unendlicher Wiederholung gerade mit Bindungspersonen lustvoll gespielt werden, sind Ausdruck dieses Entwicklungsprozesses, in dem sich langsam die „Struktur des permanenten Objektes" herausbildet.

Daraus folgt, dass der Alltag für Kinder unter drei so organisiert sein muss, dass die Erzieherinnen und Erzieher möglichst kontinuierlich bei den Kindern präsent sind. Ein Wickelplatz im Außenbereich ist daher kein Luxus, sondern eine notwendige Voraussetzung dafür, dass die Kinder ihre Entwicklungsbedürfnisse nach Bewegung und Erkundung der Welt ungestört leben können und ihre Versorgung durch die pädagogischen Fachkräfte gleichzeitig sichergestellt werden kann.

„Kindliche Egozentrik" erfordert flexible, durchlässige Begrenzungen

Obwohl bereits Kleinkinder großes Interesse an Gleichaltrigen und auch Freude am gemeinsamen Spiel haben, sind sie doch in ihrer Grundstruktur bei der Erprobung ihrer Motorik und der Erkundung der Welt egozentrisch. Dies ist nicht moralisch gemeint, sondern in dem Sinn, dass ein Kleinkind sich oftmals so sehr auf das eigene Tun konzentrieren muss, dass ihm die Wahrnehmung eines anderen Kindes, geschweige denn Rücksichtnahme darauf, gar nicht möglich ist. Ein gut einjähriges Kind, das all seine Kraft und Konzentration braucht, um einen unebenen Weg zu gehen, kann dabei nicht auch noch auf ein Zweijähriges achten, das sich gerade im Rollerfahren erprobt. Und umgekehrt wäre auch das ältere Kind damit überfordert. Das bedeutet, dass Kinder unterschiedlichen Entwicklungsstandes, deren Entwicklungsbedürfnisse sich erheblich unterscheiden, voreinander „geschützt" werden müssen. Durch mobile, flexibel nutzbare Spielgitter mit Türchen, mit denen man sowohl die Außenbereiche der einzelnen Gruppen abgrenzen kann, sowie gesonderte Bereiche oder Wege, zum Beispiel für das Erproben von Rollern oder Laufrädchen, kann das naturnahe Außengelände so gestaltet werden, dass die unterschiedlichsten Entwicklungsbedürfnisse ihren Raum finden. Solche Abgrenzungen sind insbesondere dort notwendig, wo eine Kindertageseinrichtung, die ursprünglich ausschließlich Kindergarten war, zusätzlich Plätze für Kinder unter drei schafft. Diese brauchen ihren eigenen Außenspielbereich, zu dem die älteren Kinder nicht ohne weiteres Zutritt haben. Bei Kindern über drei ist die Struktur des permanenten Objektes in der Regel schon gut ausgeprägt. Sie können sich im Außenbereich auch in einer größeren Gruppe von Kindern oftmals schon orientieren und brauchen nicht ständig die Bezugsperson in Sicht- und Rufweite. Ein Kind unter drei entfernt sich jedoch oftmals unbeabsichtigt von seiner Bindungsperson, weil es so sehr auf seine Aktivität, sei es das Sammeln von Steinen oder Blättern oder das Erproben eines Rollers, konzentriert ist, dass es die Entfernung erst nach Beendigung seines Tuns bemerkt. Im Kinderlied „Hänschen klein, ging allein, in die weite Welt hinein" kommt dieses kindliche Entwicklungsstadium beispielhaft zum Ausdruck.

Sinneserfahrung mit Naturmaterialien

Im ersten und zweiten Lebensjahr erkunden Kinder alle Dinge mit ihren Sinnen und sammeln dabei Erfahrungen über die Qualitäten der Gegenstände: hart, weich, leicht, schwer, nass, trocken usw. In der ständigen, oftmals variierten Wiederholung bilden sie auf der Sinnesebene die entsprechenden Begriffe aus. Im Innenraum steht den Kindern dazu in der Regel ausschließlich klar strukturiertes Material (= Spielzeug) zur Verfügung. Naturmaterialien wie Sand, Wasser, Erde, Blätter, Steine, Äste, Zweige, Blüten, Eicheln, Kastanien, aber auch Lebewesen wie Regenwürmer, Käfer oder Schnecken bilden ein dazu komplementäres Erfahrungsfeld. Natürliche Elemente sind oft weniger klar strukturiert, dafür aber mit einer unendlichen Variationsbreite ausgestattet und bieten daher wesentlich mehr Möglichkeiten, selbst Strukturen zu schaffen, wie zum Beispiel Sand zu formen. Nur wenn solche komplementären Erkundungsmöglichkeiten im Außenbereich gegeben sind, kann man von einem Angebot ganzheitlicher Erfahrungsmöglichkeiten sprechen, das den kindlichen Entwicklungsbedürfnissen gerecht wird.

Das Sammeln macht im zweiten Lebensjahr einen großen Teil der Spieltätigkeit des Kindes aus. Es erkundet die Qualitäten der Dinge — weich, hart, fest, kühl, rau, rund, eckig — sowie ihre Farben und Formen. Das Kind beginnt zu vergleichen und versucht, Ähnlichkeiten zu erkennen und die Gegenstände danach zu

Sinneserfahrungen mit Naturmaterialien

sortieren. Diese Art der Erkundung wird möglich, weil das Kind im ersten Lebensjahr bereits vielfältige Sinneserfahrungen mit den Qualitäten der Dinge gesammelt hat. Ein naturnahes Außengelände bietet für diese Entwicklungsbedürfnisse eine ideale Vielfalt an Möglichkeiten, die die Kinder dann in mannigfacher Wiederholung intensiv nutzen, wenn ihnen dort in verlässlicher Ordnung die entsprechenden Behältnisse wie Eimer, Körbe, Schubkarren oder Wägelchen zum Sammeln und Sortieren angeboten werden.

Kinder im zweiten und dritten Lebensjahr brauchen im Außenbereich überschaubare, klar begrenzte Räume, die ihnen sowohl Platz für die Erprobung und Entwicklung ihrer Bewegung bieten, als auch für die gefahrlose Erkundung der Welt mit ihren Sinnen. Die Begrenzungen müssen flexibel und durchlässig sein und den Erwachsenen die Möglichkeit geben, diese ohne großen Aufwand den jeweiligen Entwicklungsbedürfnissen der Kinder anzupassen.

Frage: *Warum ein naturnahes Außengelände für die Krippenkinder? Sind diese nicht noch viel zu klein, um damit etwas anfangen zu können?*

Heide Wettich: Die Idee entstand, weil wir mit den größeren Kindern, also den Zweieinhalb- und Dreijährigen, Gartenprojekte veranstaltet haben. Unser Außengelände ist ja schon sehr schön bepflanzt mit Sträuchern, hat eine Wiese und alte Bäume. Außer einer kleinen Rutsche gibt es hier keine Spielgeräte. Und wir haben in den letzten Jahren ganz bewusst keine angeschafft.

Frage: *Was spricht gegen Spielgeräte?*

Heide Wettich: Unser pädagogisches Konzept! Wir verwenden in den Räumen Pikler-Krabbel-Kriech-Elemente und Hengstenberg-Geräte. Diese sind nicht statisch, sondern sehr flexibel. Darum haben wir im Garten auch bisher immer schon Natur-Spielzeug angeboten: ein Brett, eine Rolle oder Baumstämme. Dafür sprechen in der Krippe auch Sicherheitsgründe. Die Kinder kommen in ganz unterschiedlichem Alter zu uns, zwischen acht Wochen und zwei Jahren. Und wir wissen nicht, welche Vorerfahrungen sie von zu Hause her haben. Kinder, die als Babys zu uns kamen und bei uns groß werden, von denen wissen wir sicher, dass sie mit Höhe und mit den Krabbel- und Kriechelementen umgehen können. Bei den anderen Kindern, und die sind oft in der Mehrzahl, wissen wir das nicht! Im naturnahen Gelände haben wir die Möglichkeit, erst einmal genau hinzugucken und wahrzunehmen, welche Bewegungen die Kinder schon sicher beherrschen. naturnah heißt ja nicht, dass da „nichts" wäre! Da ist der Boden, der ist modelliert, und er ist bepflanzt – das ist für ein Kleinkind schon sehr viel! Hier eröffnen sich vielfältige Erfahrungsmöglichkeiten. Wenn die Kinder anfangen zu laufen, ist das ein Erlebnis: Ein unebenes Stück Wiese, Rollsplittwege oder ein Hügel werden zu echten Herausforderungen. Die Kinder müssen ihr Gleichgewicht auf einem völlig anderen Untergrund wahren, als sie es vom Innenraum her gewöhnt sind. Da genügt dann zum Beispiel ein kleiner Baumstamm mit einem Brett darüber als Wippe, auf der sie ihr Gleichgewicht üben können. Das ist ja schon eine aufregende Erfahrung für die Kleinkinder. Pädagogisch ist für uns sehr wichtig – das betonen wir auch in unserem Konzept –, dass die Kinder sich diese Erfahrungen und ihr Gleichgewicht selbst erarbeiten können, ohne unsere Hilfe zu benötigen und auf diese Weise von uns abhängig zu werden. Wir sind präsent und im

Kontakt, leisten aber keine Hilfestellung. Darum bevorzugen wir das naturnahe Gelände.

Frage: *Wenn man ihren Plan für die naturnahe Neugestaltung das Krippen-Geländes mit naturnahen Kindergartengelände vergleicht, fällt auf, dass sie das etwa eintausend Quadratmeter große Gelände in vier Bereiche teilen, die untereinander durch kleine Türen verschließbar sind. Wozu diese Unterteilung?*

Heide Wettich: Tausend Quadratmeter sind aus der Perspektive von Kleinkindern riesig, fast grenzenlos und unüberschaubar. Babys und Kleinkinder brauchen jederzeit Sicht- und Rufkontakt zu ihrer vertrauen Bezugsperson. Das ist in der Krippe ihre Erzieherin. Das Gelände als Ganzes ist für so junge Kinder viel zu unübersichtlich. Ein einjähriges Kind, das gerade Laufen lernt, konzentriert sich auf seine Bewegungen und sein Gleichgewicht. Im weitläufigen Gelände verliert es schnell den Blickkontakt und die Orientierung. Wenn bei schönem Wetter alle Kinder draußen spielen, begegnet das einzelne Kleinkind einer großen Zahl von Menschen, die es noch nicht kennt. Das ist verunsichernd und weckt Ängste. Kleinkinder können nur dann ihre Umgebung erforschen und ihre Bewegungen erproben, wenn sie ihre Bezugsperson jederzeit in ihrer Nähe wissen, ihr Spielgelände überschaubar ist und sie zunächst nur auf Kinder treffen, die ihnen vom Gruppenraum her vertraut sind.

Frage: *Entsprechen die vier Bereiche den vier Gruppen in der Einrichtung?*

Heide Wettich: Nicht ganz. Wir haben zwar vier Gruppen, aber in einer sind ausschließlich Babys und Kleinkinder bis zu einem Jahr. Diese Kinder schlafen tagsüber an der frischen Luft auf einer überdachten und mit Spielgitter umgebenen Terrasse vor dem Gruppenraum. Auch im Winter schlafen sie, warm eingehüllt, bei fast jedem Wind und Wetter draußen. Die Babys sind also während ihrer ganzen Schlafenszeit, täglich etwa zwei bis vier Stunden, im Freien. Das dient ihrer Gesundheit und entlastet zugleich die berufstätigen Eltern. Unser Gartentor, das von der Straße zum Außengelände führt, befindet sich zurzeit ganz in der Nähe dieser Terrasse und ein Weg führt direkt daran entlang. Das ist für die Babys zu unruhig – insbesondere im Frühjahr, Sommer und Herbst, wenn die Kinder der anderen Gruppen täglich draußen spielen und dort von ihren Eltern abgeholt werden. Bei unserer Neugestaltung des Geländes werden Weg und Tor verlegt, um den Babys mehr Ruhe zu lassen. Außerdem wird es an manchen Sommertagen auf der Terrasse zu heiß zum Schlafen. Deswegen wollen wir einen kleinen Teil des Gartens mit einem großen alten Baum der Terrasse zuordnen. So können wir im Hochsommer die Bettchen in den Schatten des Baumes stellen. Insofern werden auch unsere Kleinsten von mehr Naturnähe profitieren. Die Terrasse zählt jedoch architektonisch zum Gebäude und gehört nicht zu den vier Bereichen des neu gestalteten naturnahen Außengeländes.

Frage: *Dann stehen den anderen drei Gruppen also die vier Bereiche zur Verfügung?*

Heide Wettich: Ja. Jede dieser Gruppen besteht aus zehn oder elf Kindern im Alter von ein bis drei Jahren, und jede Gruppe erhält einen eigenen Außenbereich im naturnahen Gelände der Krippe. Grundsätzlich spielen die Kinder der verschiedenen Gruppen in ihren jeweils eigenen Bereichen des naturnahen Außengeländes.

Frage: *Wird das denn nicht schnell langweilig für die Kinder?*

Heide Wettich: Wir Erwachsenen, die wir ständig neue Erlebnisse brauchen, vergessen schnell, dass Kinder die Welt ja noch gar nicht kennen! Ein Kleinkind, das nach draußen kommt, ist oft überwältigt von der Vielzahl der neuen Eindrücke. Alles ist neu! Der Wechsel der Jahreszeiten, das Erleben von Sonne oder Regen, Blättern, Erde, Sand oder Insekten – alles erfährt das Kind zum ersten Mal in seinem Leben! Alles wird erst nach und nach erkundet, und diese Erkundung muss häufig wiederholt werden, um ein zuverlässiger Teil der Erfahrung zu werden. Kinder fühlen sich sicherer, wenn dieser Außenraum überschaubar ist und eine verlässliche Ordnung hat, genauso wie der Gruppenraum auch. Das ist die Basis dafür, dass das Kind die Welt erkunden kann. Dann können auch die Erzieherinnen entspannter arbeiten und sich aufmerksamer dem einzelnen Kind zuwenden.

Die Abgrenzung der Bereiche ist jedoch nicht starr, sondern kann jederzeit durch Öffnen der Türen durchlässig gemacht werden. Zum Beispiel im Spätdienst, oder wenn aus anderen Gründen nur wenige Kinder da sind, können die Bereiche untereinander geöffnet werden, sodass das ganze Gelände zur Verfügung steht, oder sich alle Kinder, es sind ja dann wenigere, nur in einem Bereich aufhalten. Auf diese Weise eröffnen sich auch den Kindern wieder neue Erkundungsmöglichkeiten.

Frage: *Die Aufgliederung des Geländes hat also pädagogische Gründe?*

Heide Wettich: Ja, natürlich! Das bietet uns bessere Differenzierungsmöglichkeiten. Die Alterszusammensetzung der Gruppen wechselt ja häufig. Durch die Abtrennung der Bereiche kann man zum Beispiel in einer Gruppe, in der schon größere Kinder sind, Wasser zum Spielen anbieten; in der anderen Gruppe mit zum gleichen Zeitpunkt überwiegend Jüngeren machen wir dies jedoch nicht, weil diese Kinder sich noch ständig ins Wasser setzen würden. Wir können auf die Entwicklungsbedürfnisse der Kinder besser eingehen, weil wir gleichzeitig unterschiedliche Angebote gestalten können. Und wir können auch, wenn genug Personal da ist, in Kleingruppen gehen. Größere Kinder, die schon Roller fahren oder Laufrad, können dies im hinteren Bereich relativ selbstständig tun, ohne damit die Kleineren, die gerade Laufen lernen, zu gefährden. Durch die Aufgliederung des Geländes in einzelne, untereinander abgegrenzte, aber durchlässige Bereiche, können wir die Qualität unserer Arbeit erheblich steigern.

Frage: *Was ist das Krippenspezifische dieser naturnahen Gestaltung und welche Standardausstattung gibt es in jedem Bereich, der einer Gruppe fest zugeordnet ist?*

Heide Wettich: In den Bereichen, die den Gruppen fest zugeordnet sind, gibt es jeweils einen Sandkasten, eine Wassertonne, die einmal pro Tag gefüllt wird, einen Sitzplatz und einen Wickelplatz. Die beiden letzteren gibt es auch in dem Bereich, den alle Gruppen als Reserve für Differenzierungsmöglichkeiten nutzen können. Die Sandkästen sind jeweils beschattet, zum Beispiel mit Weiden, oder befinden sich in der Nähe von anderen Bäumen, denn die pralle Sonne ist für Kleinkinder gefährlich. Spezifisch für die Krippenarbeit ist auch der feste Sitzplatz für jede Gruppe. Dort werden die Zwischenmahlzeiten, die wir Obstrunde nennen, eingenommen – Kleinkinder essen ja immer wieder kleinere Mahlzeiten. Das Außengelände ist der erweiterte Lebensraum für die jeweilige Gruppe. Seine Gestaltung ist grundsätzlich genauso wichtig wie die Gestaltung des Gruppenraums. Wir verwenden darauf genauso viel Sorgfalt. Der Gruppenraum muss von den Erzieherinnen jeden Tag neu vorbereitet werden. Auch draußen werden die Wassertonnen täglich neu aufgefüllt, für die drei Essbereiche werden die Obstkörbe und Tischeimer bereit gestellt, im Wickelbereich alle benötigten Pflegeutensilien vorbereitet, außerdem Wasser, Seife und Handtücher zum Händewaschen für die Kinder. Wenn eine Erzieherin dauernd ins Haus laufen würde, um noch dies oder das holen zu müssen, können die Kindern nicht in Ruhe spielen und ihren Erkundungen nachgehen, weil dann die Bezugsperson, die ihnen die Sicherheit vermittelt, immer wieder verschwunden wäre.

Frage: *Wie sieht denn die Vorbereitung des Spielbereichs aus? Was hat die Erzieherin da zu tun?*

Heide Wettich: Die Sandkisten werden vorbereitet, indem ein Sandberg aufgeschaufelt wird und verschiedene Spielmaterialien entsprechend der Alterszusammensetzung der Gruppe angeboten werden. Die Fahrzeuge, Laufroller, Sulkies und Schubkarren müssen auch ins Freie an bestimmte Orte gestellt werden. Es gibt eine Ballkiste für die Bälle. Alles hat so seinen bestimmten Platz und sein Behältnis. Auch die Baustation hat ihre vertraute Ordnung: Pylonen, Schaufeln,

Bagger und Rohre – die Kinder finden alles immer an einer bestimmten Stelle vor. Beim Spielen tragen die Kinder die Sachen über das Gelände und die Erzieherinnen und Erzieher, die im Spätdienst und im Frühdienst arbeiten, sorgen dafür, dass die Ausgangssituation wieder hergestellt wird. Neben den Schubkarren bieten wir zum Beispiel Füllmaterial an, aufgestapelte Holzscheite und kleine Äste. Nur wenn diese vertraute Ordnung immer wieder neu hergestellt wird, finden die Kinder in ihr eigenes Spiel.

Frage: *Warum ist es so wichtig, dass im Sommer die Kinder auch draußen gewickelt werden?*

Heide Wettich: Es entspannt die Situation sehr. Hat man zum Beispiel eine Gruppe von zehn Kindern, kann es vorkommen, dass alle noch gewickelt werden. Für die Erzieherinnen hat das immer bedeutet, dass sie schon sehr früh mit allen Kindern ins Bad reingehen müssen, um eines nach dem anderen zu wickeln. Damit wird die Zeit, in der alle Kinder draußen spielen können, erheblich vermindert. Doch das entfällt in dem Moment, wenn draußen gewickelt werden kann. Für das ungestörte Spiel der Kinder ist das von großer Bedeutung. Sie können ihre Bezugsperson sehen und behalten den Sichtkontakt, während die Erzieherin ein anderes Kind wickelt. Sie fühlen sich dann entspannt und sicher und können sich weiter ihren Aktivitäten widmen. Geht die Erzieherin dagegen zum Wickeln mit nur einem Kind ins Haus, ist sie ja für die anderen Kinder verschwunden. Die Kinder könnten dann nicht mehr in Ruhe aktiv sein, weil das Verschwinden der Erzieherin Unsicherheit bei ihnen erzeugt. Und die Erzieherin selbst steht immer unter dem Druck, sich beeilen zu müssen. Das aber widerspricht unserem pädagogischen Konzept, wonach die Pflege eine große Bedeutung hat – als ein Moment der intensiven Kommunikation, zu dem sich die Erzieherin einem Kind allein zuwendet. Diese Zuwendung ist eine emotionale und wichtig für die Beziehung des Kindes zur Bindungsperson und für die gesunde Entwicklung überhaupt. Gleichzeitig hat diese Zuwendung aber auch eine sprachliche Komponente. Während des Wickelns spricht die Erzieherin mit dem Kind. In unserer Krippe ist die Pflege also gleichzeitig auch eine Sprachlern-Situation. Zwei bis drei Mal täglich etwa fünf bis fünfzehn Minuten lang hat jedes Kind seine Erzieherin ganz für sich. Wenn sie hier „schnell, schnell" und unter Druck arbeiten müsste, hieße das, diese Qualität der Arbeit zu vermindern. Es würde bedeuten, dem Kind weniger emotionale Zuwendung geben zu können, die sprachliche Kommunikation zu vernachlässigen und stattdessen routiniert und eher beziehungslos zu pflegen. Doch das wollen wir auf gar keinen Fall! Deswegen ist auch der Wickelplatz in jedem Bereich des Außengeländes so wichtig für unsere Arbeit.

Frage: *Interessieren sich Kleinkinder überhaupt schon für Naturphänomene?*

Heide Wettich: Aber selbstverständlich! Sie sind ja noch viel näher am Erdboden dran, weil sie noch viel kriechen, krabbeln, hinfallen – sie haben sozusagen ständig Kontakt mit der Erde. Sie entdecken Blätter, Steine, Gräser, Blumen und alles, was sich bewegt. Vor ein paar Tagen hat Felix, der noch nicht zwei Jahre alt ist, mit großer Ausdauer den ganzen Morgen Schnecken gesucht und eingesammelt. Über zehn Schnecken hatte er dann in seinem Eimerchen und wollte die natürlich mittags in seinen Gruppenraum mitnehmen. Ich habe ihm erklärt, dass die Schnecken draußen leben und es ihnen hier viel besser geht. Da hat er eingewilligt, seinen Eimer mit den Schnecken draußen stehen zu lassen. Als er nach dem Mittagschlaf wieder nach draußen kam, hat er als erstes nach seinen Schnecken geschaut – und die waren alle verschwunden. Davongekrochen! Da hat Felix sich sehr gewundert, das konnte er gar nicht fassen. Solche frühen Erfahrungen mit Natur sind sehr wichtig – gerade auch für Kinder, die im Alltag spontan keinen Zugang dazu haben.

II | Zwölf Beispiele für zentrale Gestaltungselemente des naturnahen Außengeländes

6 | Die Bewegung im Gelände

6.1 | Bodenmodellierung als Bewegungsherausforderung

Bodenmodellierungen sind ein wichtiger Bestandteil des naturnahen Geländes, denn sie sind nachhaltige, kostengünstige und langfristig wirksame Bewegungsangebote für alle Kinder.

Höhenunterschiede, Steigungen und Gefälle

Der fünfjährige Luca rennt einen Hügel abwärts. Das Gefälle von 1:2 bewältigt er spielend im Laufschritt – ein Fähigkeit, die Erwachsenen meist abhanden gekommen ist. Luca läuft aus eigenem Antrieb bergab. Es sind die Lust an der Bewegung und die Freude, die eigenen Kräfte zu spüren und seine Grenzen zu erproben, die ihn antreiben.

▶ **Planungsinfo:** Um einen Hügel zu bauen, braucht man die Bodenklasse 3 oder 4 gemäß DIN 18300. Dabei handelt es sich um leichte und mittelschwer lösbare Bodenarten, zum Beispiel sandige Lehmböden. Der Boden wird in mehreren Lagen von jeweils 60 Zentimetern aufgebracht und mithilfe eines Rüttlers oder schwerer Baumaschinen, wie einem Bagger, verdichtet. So entsteht Schritt für Schritt der Hügel. Je nach Bodenqualität sind unterschiedliche Böschungsneigungen möglich, höchstens jedoch 1:2, das heißt 1 Meter Höhe bei 2 Meter Breite. Wird dieses Verhältnis überschritten, erodiert der Hügel solange – Erde löst sich, er scheint sich zu bewegen –, bis sich das natürliche 1:2-Verhältnis wieder einstellt. Etwas Erosion ist unvermeidlich. Steilere Neigungswinkel erzielt man durch den Einbau von Findlingen.

Höhenunterschiede, Steigungen und Gefälle sind für Kinder von besonderer Attraktivität. Sie geben ihnen die Gelegenheit, ihr Gleichgewicht zu erproben und aufzubauen sowie ihre Sinne zu koordinieren. Kinder suchen gezielt Situationen labilen Gleichgewichts. Ein bequemer, asphaltierter Gehweg ist für sie langweilig. Stattdessen balancieren sie lieber „auf dem Mäuerchen", stürzen sich im Laufschritt eine steile Böschung hinunter oder kraxeln einen Hügel hinauf, wie hier Anna und Torben.

▶ **Planungsinfo:** Baut man Baumstämme in den Fuß des Hügels ein, verringert sich die Erosion aufgrund des flacheren Gefälles. Damit werden jedoch die Spielmöglichkeiten mit Schlitten, Autos, Rädchen oder das Rutschen auf einer Wasserplane behindert. Der Hügel sollte immer verschiedene Neigungswinkel haben – steilere und sanfte. Am Fuße des Hügels muss Platz zum Auslaufen des Bewegungsschwungs vorhanden sein. Im bepflanzten Teil des Hügels sorgt die Abdeckung mit Mulch für eine Verminderung der Erosion. Kostengünstig ist es, den Hügel mit Erdaushub aus dem eigenen Gelände zu errichten. Wer Zeit hat und sich umhört, bekommt Erdaushub aber oft auch geschenkt, kostenlos angeliefert, manchmal sogar „eingebaut", weil die Entsorgung von Boden teuer ist. Wichtig ist, dass solcher Boden unbelastet ist, was der Lieferant mit einer Bescheinigung nachweist.

Wenn man so klein ist, dass man immer den Kopf in den Nacken legen muss, um andere anzusehen, dann ist es einfach wunderbar, ganz oben zu sein! Es fühlt sich so viel besser an, dass selbst ein Zweijähriger den Versuch unternimmt, an diese Stelle zu kommen. Hier ertastet Mirko die Hangschräge mit dem ganzen Körper und beobachtet gleichzeitig, wie ein Team von älteren Kindern – motorisch souverän stehend, sitzend oder kniend – den weiteren Fortgang der Grabungsarbeiten bespricht.

Johann, Benno, Erkan und Ronja, vier bis sechs Jahr alt, können ihr Gleichgewicht am Hang wahren und den „Berg" gleichzeitig durch ihre Eingriffe verändern. Die Kinder sind grob- und feinmotorisch aktiv und befinden sich zugleich in einem komplexen Prozess sozialen und sprachlichen Lernens.

▶ **Planungsinfo:** Ein Hügel hat solange einen großen Spielwert, wie die Erde locker und die Hänge steil sind. Durch ihr Spiel tragen die Kinder die Erde ab und sie verteilt sich im Gelände. Ein platt getretener Hügel mit hart gewordenen Hängen verliert jedoch an Attraktivität. Er lädt weniger zum Graben und Gestalten ein und wird daher auch als Bewegungsangebot weniger genutzt.

Ein Kita-Team, das sich entschlossen hatte, einen Erdhügel zum Graben unbepflanzt zu lassen, machte die Erfahrung, dass dieser Hügel immer dann wieder seine Attraktivität zurückgewann, wenn er von Neuem locker aufgeschichtet wurde. Da es dem Team gelang, dies ohne großen Aufwand zu organisieren, wurde hier ein kostengünstiges Spiel-, Erlebnis- und Gestaltungsangebot zusätzlich geschaffen.

Freie Flächen zum Ballspiel

Naturnahe Gestaltung eines Geländes ist nicht gleichbedeutend mit flächendeckender Bepflanzung. Die Kinder brauchen auch freie, befestigte Flächen, zum Beispiel für Projekte und Feste, Ball- und Hüpfspiele oder auch als Fahrzeugparcours.

Hier kicken Tom und Niklas, beide fünf Jahre alt. Die Jungen nutzen den Eingang zum Gartenbereich als Fußballtor. Tom wehrt gerade einen Schuss ab. Auf diesem Platz gelten die Regeln der Kinder: Gleichzeitig können hier mehrere Bälle rollen.

Beim Ballspiel werden nicht nur grobmotorische Fähigkeiten trainiert, sondern auch vielfältige soziale Kompetenzen erlernt: die Mitspieler wahrnehmen, mit ihnen Kontakt aufnehmen, sich im Raum orientieren und Entfernungen einschätzen. Dabei wird die Sinneskoordination geschult, Seh- und Hörsinn werden aufeinander abgestimmt, ebenso Stellungssinn und Bewegung koordiniert.

▶ **Planungsinfo:** Versiegelte Flächen, zum Beispiel mit Verbundsteinen, Plattenbelägen, Asphalt oder Beton, sind wegen der Sauberkeit auch bei nassem Wetter beliebt, jedoch aus ökologischer Sicht nicht wünschenswert und recht teuer. Am besten geeignet für Freiflächen ist Rasen. Doch bei kleinen Flächen und großer Belastung, d.h. einer großen Anzahl an Kindern, hält er nicht lange. Eine ökologisch nachhaltige Alternative ist die wassergebundene Decke. Dazu wird über einer circa 15 Zentimeter starken und verdichtete Schotterschicht eine 2 bis 3 Zentimeter starke Deckschicht aus lehmigem Sand, Körnung 0 bis 2 Millimeter, aufgebracht und feucht eingewalzt. Eine solche wassergebundene Decke wird im Laufe der Zeit sehr fest und ist daher ausgesprochen strapazierfähig. Sie braucht jedoch eine gewisse Pflege, d.h. etwa ein Mal jährlich muss der Anteil der Deckschicht, der abgespielt wurde, ergänzt werden.

Auf dem Gelände können sich auch einmal Pfützen bilden, die ebenso ihren Spielwert für die Kinder haben. Und im Sommer kann es möglicherweise ein wenig staubig werden. Dafür kann man aber hier sehr gut Murmeln spielen. Um nicht ständig die Feinanteile aus der Deckschicht ins Gebäude hineinzutragen, empfiehlt es sich, einfach Hausschuhe zu nutzen.

Verschiedener Untergrund als Bewegungserfahrung

Kleinteilige Pflasterung

Gülzen auf einem Doppel-Dreirad. Die Dreijährige strengt sich an, mit dem Fahrzeug vorwärts zu kommen. Sie ist erst seit wenigen Wochen im Kindergarten und hat noch kaum Erfahrung mit dem Dreirad. Gülzen arbeitet mit aller Kraft und Konzentration – ihr halb geöffneter Mund und die angespannte Zunge machen dies deutlich. Mit beiden Füßen stößt sie sich vom Boden ab.

Die gleichaltrige Ayça will nicht mehr Zuschauerin sein und hat sich hinter ihre Freundin gesetzt. Gülzen versucht erneut, das Dreirad in Bewegung zu setzen.

Eric, etwa gleichaltrig, übt bereits das Fahrradfahren. Er hat die Kurve zu schnell genommen und ist dabei gefallen. Mit einer Hand hält er sich sein Schienbein, doch dabei richtet er sich schon wieder auf, um weiterzufahren.

Die Kinder erproben ihre Fahrzeuge auf dem gepflasterten Innenraum eines Sitzkreises aus Findlingen. Als Fahrzeugstrecke war dieser Bereich eigentlich nicht geplant, doch die Kinder nutzen ihn dennoch dafür. Gülzen muss mit aller Kraft arbeiten, wenn sie auf diesem Pflaster vorwärts kommen will. Und Eric muss sein Gleichgewicht besser ausbalancieren, wenn er auf holpriger Strecke die Kurve kriegen will. Das Erlebnis, wie sich verschiedene Untergründe anfühlen – beim Laufen und Fahren – ist für die Kinder von elementarer Bedeutung. Ihr Körpergedächtnis speichert die unterschiedlichen Erfahrungen in der vielfachen Wiederholung. Durch Versuch und Irrtum bauen die Kinder allmählich eine Vorstellung davon auf, welcher Boden für welchen Zweck am besten geeignet ist, und lernen dabei, in den unterschiedlichen Situationen ihr Gleichgewicht zu wahren. Misslungene Versuche werden von den Erwachsenen gerne als „Scheitern" und

„Fehler" interpretiert, für die Kinder aber ist Fallen und wieder Aufstehen ein normaler Bestandteil ihrer Lernprozesse.

▶ **Planungsinfo:** Flächen und Wege können abwechslungsreich mit Restmaterialien befestigt werden, die häufig kostenfrei zu haben sind. Sie sind oft bunt und vielfältig und inspirieren die Kinder zu neuen Ideen, zum Beispiel zu Hüpfspielen. Eine so hergestellte Pflasterung, die keine scharfen Ecken und Kanten haben darf, sollte befahrbar sein. Kleine Unebenheiten werden von der Unfallkasse auf naturnahen Spielplätzen toleriert, da diese in solchem Kontext als „normal" angesehen werden. Auch Laien können die Flächengestaltung durchaus in Eigenarbeit realisieren. Auf eine Schottertragschicht, wie bei der wassergebundenen Decke, kommt eine Ausgleichsschicht aus Splitt oder Sand. Darauf werden die Beläge wie Kopfstein- oder Holzpflaster aufgebracht. Kleinere Materialien, wie Mosaikfliesen oder Kieselsteine, sollten der Haltbarkeit wegen in Beton eingebaut werden.

Kies

Die fünfjährige Louisa und Walid, drei Jahre alt, spielen mit Kieseln und Tannenzapfen. Im Kletterbereich des Geländes ist eine Schicht Kies als Fallschutz aufgebracht. Die runden, beweglich-federnden Steinchen dienen aber nicht nur dazu, die Verletzungsgefahr zu mindern, sie bieten den Kindern gleichzeitig eine eindrückliche Sinneserfahrung: Die Kiesel bremsen sich auch beim Laufen, sie müssen mehr Kraft aufwenden, um vorwärts zu kommen, und sinken teilweise mit den Füßen ein. Mit dem ganzen Körper nehmen die Kinder wahr, wie sich der Untergrund verändert. Solche Lernprozesse laufen unbewusst ab und entziehen sich der Verbalisierung. Dennoch sind sie als Erfahrungsmöglichkeit wertvoll für die Ausdifferenzierung der Bewegungsmuster.

Sowohl für das fünfjährige Mädchen als auch für den Dreijährigen sind die Steine auch ein reizvolles Spielmaterial, das sie mit allen Sinnen erkunden und hier auf einem Tablett zusammen mit dem Tannenzapfen zu einem kunstvollen Gebilde aufgeschichtet haben.

▶ **Planungsinfo:** Die Kosten für einen natürlichen Fallschutz aus Mulch, Sand, Holzhackschnitzeln oder Kies sind ähnlich. Man wird das Material verwenden, das örtlich am besten zu haben ist.

Ein Fallschutzbelag wird wie folgt aufgebaut: Zunächst eine 10 Zentimeter starke Drainageschicht, dann ein Filtervlies und als Decke der 30 Zentimeter starke Fallschutzbelag.

Die Verwendung der verschiedenen Materialien hat den Sinn, Unterschiede erfahrbar werden zu lassen. Kies als Fallschutz, Körnung 2/8, hat die Besonderheit, dass man hier stärker einsinkt und die Bewegung auf diesem Untergrund schwerer wird.

Mulch

Die vierjährige Annika sitzt auf der Schaukel und lässt sich von der gleichaltrigen Lilly „eindrehen". Lilly dreht die Schaukel solange im Kreis, wie sie kann, dabei verwickeln sich die Ketten der Schaukel und geraten unter Spannung. In Annikas Gesicht spiegelt sich die freudige Erwartung. Sie selbst hat mit der Freundin das Bewegungsspiel verabredet. Wenn Lilly die Schaukel loslässt, lösen sich die gespannten Ketten, und Annika kreiselt um sich selbst. Diese Art, das Gleichgewicht zu verlieren und dabei gleichzeitig sicher und mit gutem Halt auf dem Schaukelbrett zu sitzen, ist für die meisten Kinder eine höchst lustvolle Erfahrung, die sie gerne wiederholen. Es ist eine einfache Art, sich selbst aus dem Gleichgewicht zu bringen und wieder darin einzuschwingen: Der leichte Schwindel ist angenehm, die Welt scheint sich um einen selbst zu drehen. Auf dem Boden, der aus Gründen des Fallschutzes hier mit Mulch bedeckt ist, sind die Kreiselspuren zu erkennen.

▶ **Planungsinfo:** Der Mulch, der als Fallschutz dient, hat hier die Körnung 10/80, d. h. das kleinste Teil ist 1 Zentimeter groß, das größte 8 Zentimeter. Er besteht aus Nadelholzrinde mit einer Aufbaustärke von 30 Zentimetern. Ab 60 Zentimeter Höhe ist ein Fallschutz Pflicht, wie in der GUV-Broschüre zu SI-8017 beschrieben. Unter dem Mulch befindet sich eine Drainageschicht, damit das Material trocken und sauber bleibt. Durch das Spielen verteilt sich Mulch im Gelände. Dieser Schwund muss von Zeit zu Zeit ausgeglichen werden, wenn das Material seine Fallschutzeigenschaft behalten soll. Natürlich wird der Mulch von den Kindern auch als Spielmaterial genutzt — was weiteren Schwund zur Folge hat.

6.2 | Gehölze zum Klettern, Schaukeln und Balancieren

Bäume und Sträucher üben von jeher auf Kinder eine hohe Anziehungskraft aus. Sie rangieren in ihrer Gunst gleich hinter Wasser und Sand.

Kinder, die sich im Astwerk von Bäumen und Gehölzen bewegen lernen, entwickeln sehr viel differenziertere Bewegungsmuster als diejenigen, die diese Möglichkeit nicht haben.

Ein Baum als Klettergerüst

Die zweieinhalbjährige Vera lässt sich vom Ast hängen, sie erprobt ihre Haltekraft in den Armen. Mit ihren Füßen hat Vera noch Kontakt zu dem Ast, auf dem sie ursprünglich stand. Ihr linker Fuß befindet sich noch auf dem Ast, während sie mit dem rechten Fuß schon losgelassen hat. Der Abstand zum Boden beträgt höchstens 20 Zentimeter.

Damit ist die Fallhöhe so gering, dass ein Verletzungsrisiko nahezu ausgeschlossen scheint.

Vera lässt mit beiden Füßen den stützenden Ast los und hängt jetzt frei an den Armen. Die Freude über ihren gelungenen Versuch steht ihr deutlich ins Gesicht geschrieben. Der Abstand ihrer Füße zum Boden beträgt jetzt nur noch wenige Zentimeter. Das ist ein Risiko, das sie problemlos bewältigen kann. Sie selbst hat es bestimmt.

Der Ast, auf dem Vera zuvor gestanden hat, zeigt deutliche Spielspuren. Vermutlich ist er aufgrund der Beanspruchung schon abgestorben. Doch bei der Fülle der vorhandenen Äste macht das nichts. Dieses „Klettergerüst" wächst nach.

Vera stellt sich wieder auf den Ast, diesmal mit gespreizten Beinen – sie erprobt eine neue Bewegung. Mit Händen und Füßen sichert sie sich in den Zweigen.

Dann lässt Vera sich wieder vom Ast hängen. Sie holt Schwung und erprobt die Bewegung des Schaukelns.

Jedes Kind freut sich über die eigene Leistung und das eigenständig Erreichte. Es möchte wahrgenommen und bestätigt werden und braucht Feedback von seinen Bezugspersonen. Lob und Tadel sind jedoch kontraproduktiv. Denn auch Lob verbraucht sich schnell, die Kinder wissen selbst um ihre Fähigkeiten. Anfeuern und pauschales Lob hindert die Kinder sogar, den eigenen Rhythmus zu finden und ihren Fähigkeiten zu vertrauen.

Eine genaue Beschreibung dessen, was das Kind gerade tut, bestätigt es dagegen und hilft ihm, Selbstbewusstsein zu entwickeln.

Die bestätigende Rückmeldung ist individuell und konkret. Das Kind fühlt sich als Person wahrgenommen und in seinem Tun bestärkt. Gleichzeitig ist die Verbalisierung der kindlichen Tätigkeit auch ein Beitrag zur Spracherziehung. Hier könnte die Erzieherin zum Beispiel sagen: „Ich habe dich gesehen, wie du über den Ast geklettert bist." Das sollte sie jedoch nur tun, wenn das Kind sich nach Bestätigung heischend umschaut. Ist das nicht der Fall und das Kind konzentriert sich allein auf sein Tun, bedeutet jede verbale Intervention eine Störung, die den Lernprozess unterbricht.

▶ **Planungsinfo:** Die Behauptung, Gehölze hätten keine Überlebens- und Wachstumschance, wenn Kinder sie zum Klettern nutzen dürfen, ist falsch. Das Absterben von Ästen ist Teil des natürlichen Lebenszyklus der Pflanzen. Wichtig ist, diese Gehölze nicht nur als Randbepflanzung zu verwenden, sondern auch als Gruppenpflanzung mit entsprechendem Entwicklungs- und Freiraum rundherum einzusetzen. Die Mindestgrößen gemäß Baumschulstandards sind:

- 2xv oder 3xv
- MB oder Co 9l
- 5–7 Tr, 80–100 oder 100–125.

Sträucher sind erst dann zum Klettern geeignet, wenn ihr Astwerk stark genug ist, das Gewicht der Kinder zu tragen. Da das Astwerk von Bäumen, Gehölzen und Sträuchern beim Klettern schwingt und nachgibt, sind die Kinder in der Lage, sich in einem langsamen, allmählichen Prozess eine Risikoabschätzung zu erarbeiten. Dieser Prozess ist mit häufiger, geduldiger Wiederholung von Bewegungen verbunden. Doch das Austesten wird nicht langweilig, weil das Astwerk als Naturmaterial eine unendliche Fülle an Variationsmöglichkeiten in der Bewegung bietet. Insofern ist die natürliche Klettermöglichkeit im Gehölz dem künstlichen Klettergerüst um ein Vielfaches überlegen. Folgende Gehölze haben sich bewährt:

- Cornus mas – Kornelkirsche
- Cornus sanguinea – Hartriegel
- Corylus avellana – Haselnuss
- Sambucus nigra – Holunder.

Haselnuss und Holunder haben noch den Vorteil, essbare Nüsse und Beeren zu liefern. Abgespielte, tote Äste, die das Gehölz weniger dicht machen, sind kein Nachteil, sondern bieten einen willkommenen „Durchblick" in beide Richtungen – für Kinder und Erwachsene. Ein Schnitt von abgestorbenen oder gebrochenen Ästen ist nur dann erforderlich, wenn sie die Kinder gefährden können.

6.3 | Der Baumstamm und seine Möglichkeiten

Baumstämme bieten vielfältige Möglichkeiten, die Motorik zu schulen. Die Kinder sammeln Erfahrung und erkennen Risiken. Sie lernen einzuschätzen, ob ein Stamm trocken, nass, gefroren oder sandig ist. Die Erzieherinnen und Erzieher haben beobachtet, dass Kinder meist auf einem trockenen Stamm die ersten Versuche wagen.

Baumstämme zum Balancieren

Fabian balanciert auf einem Baumstamm. Der Sechsjährigen schaut konzentriert auf seine Füße und ertastet Schritt für Schritt. Jeder Abschnitt des Stammes fühlt sich anders an. Der Stamm hat Knubbel und Astverzweigungen — so viele Unregelmäßigkeiten kann nur natürlich gewachsenes Holz bieten! Wer oben bleiben will, braucht volle Konzentration, um sein Gleichgewicht zu wahren. Der Junge spielt, dass er eine gefährliche Schlucht überquert. Die Schlucht ist glücklicherweise höchstens 30 Zentimeter tief.

Durch häufige Wiederholung werden die Kinder immer sicherer. Sie erfinden dann neue Spiele mit immer höheren Schwierigkeitsgraden. So verabreden Mario und Tobias zwei Tage später, sich gegenseitig vom Balancierstamm zu schubsen. Dabei soll der, der fällt, nicht hilflos fallen, sondern versuchen, den Sturz in einen Sprung umzuwandeln und sicher auf den Füßen zu landen. Das verlangt Kraft, Umsicht und Konzentration.

Viktoria auf einem Balancierparcours aus senkrecht stehenden Baumstämmen. Das Mädchen versucht, den Abstand zwischen zwei unterschiedlich hohen Stämmen zu überwinden. Mit den Händen stützt sich Viktoria auf ihr Ziel, während sie mit beiden Füßen, noch auf den Zehenspitzen, auf dem Ausgangspunkt steht. Vorsichtig verlagert sie ihr Gewicht und ihren Körperschwerpunkt. Noch hat das Mädchen nicht entschieden, wie es am besten zum Ziel kommt. Die Dreijährige sucht nach einer Lösung und arbeitet mit dem ganzen Körper. Dabei ist sie ganz und gar auf sich selbst konzentriert. Viktoria schaut sich nicht nach Hilfe um, sie will aus eigener Kraft den Weg finden. Ob sie ihn jetzt findet, in zehn Minuten oder erst nächste Woche, ist unerheblich. Ihr Selbstbewusstsein nährt sich daraus, dass sie sich selbst die Aufgabe stellt und eine Lösung entdeckt.

Klettern in einer Mikadomulde

Die viereinhalbjährige Jennifer und Bastian, vier Jahre alt, beim Klettern in einer Mikadomulde. Dafür sind mehrere Baumstämme so miteinander verbunden, dass eine variationsreiche Kletter- und Balancierlandschaft entsteht. Jennifer hat eine Möglichkeit gefunden, im schnellen Schritt den Baumstamm zu überqueren. Beide Arme hält sie wie Flügel von sich gestreckt und balanciert auf diese Weise ihr Gleichgewicht aus. Bastian ist noch dabei, die Ausgangsposition zu gewinnen: Auf allen Vieren kauert er auf dem glatten Stamm und versucht, sich in die Senkrechte hoch zu drücken. Vom Balancieren und Klettern können Kinder dieses Alters

nie genug bekommen. Wichtig ist, dass sie immer wieder neue Herausforderungen finden.

Die Kletterlandschaft wird umgenutzt zum Ruheraum. Die fünf Mädchen ziehen sich zurück, schmiegen sich aneinander, genießen die Wärme der Frühlingssonne. Dennoch sollte man nicht unterschätzen, dass auch hier Gleichgewicht erprobt und austariert wird: Lässig mit untergeschlagenem Bein auf dem Baumstamm zu sitzen, wie Anna es tut, erfordert Gleichgewicht und Muskelspannung. Ebenso gilt das für das Aneinanderlehnen zu viert. Diese Formation kann ganz schnell kippen, wenn nur eine nicht mehr mitspielen will. Hier wird nicht nur Gleichgewicht im motorischen Sinn erprobt, sondern dabei findet auch sehr konkretes soziales Lernen statt.

▶ **Planungsinfo:** Auch wenn man sie geschenkt bekommt, sollte man dankend auf Stämme aus Weichholz wie Fichte, Kiefer oder Pappel verzichten. Diese Hölzer verrotten zu schnell, die Mühe des Transportes und Einbaus lohnt sich nicht. Empfehlenswert sind Stämme aus Hartholz wie Robinie, Esskastanie oder Eiche. Robinie ist besonders geeignet. Preisgünstig über den Forst zu haben sind krumm gewachsene Bäume, weil sie für rein wirtschaftliche Zwecke weniger verwertbar sind. Zum Balancieren aber dafür umso mehr! Die Stämme sollten komplett mit Rinde eingebaut werden. Die Rinde wird nach und nach abgespielt. Oftmals arbeiten die Kinder ganz gezielt daran. Auch das ist eine wichtige haptische Erfahrung.

Ein Hartholzstamm hält in der Regel 15 bis 20 Jahre. Wichtig ist der standfeste Einbau, damit der Stamm nicht rollen oder kippeln kann. Dafür gibt es zwei Methoden, wir empfehlen die erste Methode:

- Der Boden wird so vertieft, dass ein Mulde entsteht, in die der Stamm hineinge-rollt werden kann und dann kippsicher fest aufliegt.
- Man treibt einen Metallstab durch den Stamm, der tief in die Erde hineinreicht. Der Stab darf natürlich nicht aus dem Holz herausragen.

Auch für senkrecht verbaute Stämme sollte man grundsätzlich nur Hartholz verwenden. Für den sicheren Einbau gilt die Regel, dass die Stämme in etwa so tief in die Erde versenkt werden sollten, wie sie auch später daraus hervorschauen. Wichtig ist, nach dem Einbau das Erdreich um die Stämme herum gut zu verdichten. Standfestigkeit und Zustand der Stämme müssen in regelmäßigen zeitlichen Abständen immer wieder überprüft werden.

Vor dem Einbau müssen die Stämme gefast werden. Das bedeutet, dass die Kanten entschärft werden, indem man sie leicht abschrägt. Für Fallhöhen und Fallschutz gelten die gleichen Bedingungen wie bei Findlingen und Felssteinen.

Eine Mikadomulde steht bei den Kindern nach dem Wasser-Matsch-Sandspielange-bot an zweiter Stelle ihres Interesses. Sie kann nach entsprechenden Vorarbeiten an einem Tag fertig werden. Die Mikadomulde „macht gleich was her" und wertet ein Gelände sofort auf. Das Erfolgserlebnis setzt neue Kräfte frei. Bei der Mikadomulde handelt es sich um eine selbst tragende Konstruktion aus Hartholzstämmen. Diese haben eine Länge von bis zu 10 Metern, einen Durchmesser von 25 bis 45 Zentimetern und werden mit Gewindestäben aneinander befestigt. Die Höhe der Stämme untereinander und zum Boden beträgt weniger als 60 Zentimeter. Der Untergrund der Mikadomulde erhält einen Fallschutz, zum Beispiel mit Mulch.

Die Abstände müssen so gestaltet werden, dass keine zu spitzen Winkel entstehen, wo sich die Füße verfangen könnten. Zwischen den einzelnen Stämmen sind die Abstände so groß, dass ein Kind beim Sturz oder Sprung auf dem Fallschutz landet. Ein Fallschutz aus Rindenmulch passt natürlich am besten zu der herabfallenden Rinde.

6.4 Findlinge und Natursteine als Balancier- und Kletterelemente

Es gibt bei der Spielraumplanung kein anderes Gestaltungselement, das derartig vielfältig und nachhaltig eingesetzt werden kann, wie örtlich vorhandenes Steinmaterial. Voraussetzung ist jedoch, dass die Steine nicht scharfkantig sind.

Von einem Stein zum anderen

Eine Reihe von Felsbrocken am Rande einer Rasenfläche. Für Linus, knapp sieben Jahre, und die vierjährige Samira eine Einladung zum Klettern, Hüpfen und Springen. Die Steine sind unterschiedlich groß, verschieden geformt und liegen in unregelmäßigen Abständen zueinander. Das macht den Reiz dieser Balancierstrecke aus: Um sie zu bewältigen, müssen die Kinder immer wieder neu probieren, neu ansetzen und neuen Anlauf nehmen. Je nach Alter und Geschicklichkeit sind Schwierigkeitsgrad und Herausforderung für die Kinder unterschiedlich.

Samira setzt zum Sprung von einem Stein zum anderen an. Während sie mit dem linken Fuß noch auf der Kante der unebenen Steinfläche steht, holt sie mit dem rechten Bein Schwung. Sie balanciert mit beiden Armen ihr Gleichgewicht aus. Bei der geringen Höhe des Steins besteht keinerlei Gefahr, und der Rasen würde überdies einen Fehlsprung abfedern.

Während die Vierjährige mit hoher Konzentration und viel Kraft ihren Körper ausbalanciert, um den Sprung von einem Stein zum anderen zu bewältigen, nimmt der deutlich größere Linus die gleiche Stelle scheinbar lässig mit einem Schritt. Sein rechter, ausgestreckter Arm (sichtbar als Schatten) macht dennoch

deutlich, dass auch er mit dem ganzen Körper arbeitet, um sein Gleichgewicht zu halten und oben zu bleiben.

Auf dem rechten Bild kann auch Samira die Lücke zwischen den beiden Steinen souverän mit einem einzigen Schritt bewältigen. Linus dagegen hält jetzt konzentriert inne. Für ihn ist der Abstand auf seinem Parcours zum nächsten Stein so groß, dass er seinen Bewegungsfluss unterbricht, um seine Chancen abzuwägen: Kann er mit einem einzigen Schritt oder Sprung den nächsten Stein erreichen? Gefahr, sich zu verletzten, besteht nicht. Doch Linus hat ein Ziel und will es möglichst im ersten Versuch erreichen. Kinder, die ungestört von Interventionen anderer – seien es Kinder oder Erwachsene – ihre Bewegungsabläufe entwickeln können, sind in der Lage, sich zu schützen. Sie wissen intuitiv um ihre Kräfte und Kompetenzen, ohne dies in Worten ausdrücken zu können. Sie halten inne, um Risiken einzuschätzen, und versuchen mit großer Geduld das gewünschte Ziel zu erreichen.

Ratschläge, Gebrauchsanweisungen oder Hilfestellungen hindern Kinder daran, ihren eigenen Bewegungsrhythmus zu finden und das ihnen gemäße Bewegungsmuster aufzubauen.

▶ **Planungsinfo:** Je nach den regionalen Gegebenheiten kann das Material kostengünstig im Handel geordert oder vor Ort gesammelt werden. Manchmal fallen dann lediglich die Kosten für das Aufladen und Transportieren der Steine an.

Während ein Holzspielgerät bald anfängt zu verwittern bzw. marode wird, ein Hügel sich im Laufe der Zeit ein wenig setzen kann, haben Stein und Fels viel länger Bestand. Wenn sie ohne Fundamente verbaut sind, ist die Umnutzung bei einer Neugestaltung immer wieder möglich. Die Verwendungsmöglichkeiten sind vielfältig – ob als räumliche Abtrennung, als Mauer oder als Balancierelement.

In diesem Beispiel sind Rundsteinfindlinge zu einer Balancierstrecke verbaut. Wichtig ist dabei, dass die Steine tief genug (zu einem Drittel) in den Boden standfest eingebaut sind, sodass sie nicht wackeln können.

Damit sie für den Zweck des Balancierens genutzt werden können, müssen die Steine eine Mindestgröße von etwa 50 Zentimetern haben. Die Abstände zwischen den Findlingen, auch die Einbauhöhen, können unterschiedlich sein. Bis zu einer Höhe von 1,5 Metern ist Rasen als Fallschutz zugelassen. Bei intensiver Nutzung des Angebots empfiehlt sich für den Untergrund jedoch Mulch, da Rasen schnell matschig werden kann oder sich bei intensiver Nutzung rasch abtritt.

Felssteine als gemütlicher Sitzplatz

Hier dienen die Felssteine zur Befestigung eines natürlichen Hangs. Für den dreijährigen Timo ein gemütlicher Sitzplatz, auf dem er sich ausruht. Vielleicht rastet er vom Klettern und Balancieren – oder hat er heute noch anderes im Sinn?

Mulch dient als Fallschutz; er wird auf natürliche Weise ergänzt durch herabgefallenes Laub und lockere Erde.

▶ **Planungsinfo:** Beim Einbau von Steinen in einen Hang ist die Standsicherheit zu beachten. Werden die Steine stufenartig in den Hang eingebaut, so ist zu berücksichtigen, dass der Höhenunterschied von Stein zu Stein nicht mehr als 60 Zentimeter beträgt. Das durchschnittliche Gefälle von der Unter- bis zur Oberkante darf zudem nicht steiler sein als 1:1. Dazu ein Beispiel: Eine Stufenlandschaft, die insgesamt eine Höhe von 2 Metern hat, braucht eine Böschungstiefe von mindestens 2 Metern.

Ein Balancier- und Hüpfparcours aus Findlingen und Baumstämmen

Hier ein Balancier- und Hüpfparcours, gestaltet aus Findlingen unterschiedlicher Größe, ungeschälten Baumstämmen und einem liegenden Baum. Die Kombination der verschiedenen Naturelemente erfordert ganz unterschiedliche Bewegungsarten. Die Naturbelassenheit von Holz und Stein lässt der Fantasie Raum: Ob der Kletterbaum zum Raumschiff, zum Feuerwehrauto oder zum Tanker wird, entscheiden die Kinder. Die Steine bzw. Felsen können im Spiel vieles sein: ein Fort oder eine Festung, in Verbindung mit Wasser vielleicht ein Hafenkai – mit Blick aufs Meer.

▶ **Planungsinfo:** Sicherheitsregel für Balancierstrecken: Der Höhenunterschied zwischen zwei nebeneinander liegenden Balancierelementen darf 60 Zentimeter nicht überschreiten. Auch die Gesamthöhe der einzelnen Elemente und den dann eventuell erforderlichen Fallschutz muss man bei solchen Parcours beachten.

Die Steine werden nicht nur zum Sitzen genutzt, sondern auch als Balancierparcours. Der fünfjährige Marvin, im Hintergrund sichtbar, bewältigt ihn dank vielfacher Übung lässig im Laufschritt.

▶ **Planungsinfo:** In einen natürlichen Hang wurde eine freie Fläche geschoben, um Platz für einen Sitzkreis zu schaffen, der aus etwa 20 gleichgroßen, quaderförmig gebrochenen Felsen zusammengefügt ist. Die Spalten zwischen den nebeneinander liegenden Steinquadern sollten so schmal sein, dass die Kinder nicht mit den Händen oder Füßen darin hängen bleiben können. Das kann man auch dadurch erzielen, indem die Spalten mit Beton oder Grassoden verfüllt werden.

Auf Steinen das Bachbett überqueren

Ein Bachufer ist mit Findlingen und Felssteinen befestigt. Im Bachbett selbst liegen große Steine in unregelmäßigen Abständen. Während sich die fünfjährige Melissa auf einem großen Stein bequem niedergelassen hat, um in Ruhe ihre

Fundstücke zu betrachten, streckt sich der vierjährige Nils soweit er kann, um einen Stein im Bach zu erreichen. Nils verlässt die Gleichgewichtsposition und erkundet die Möglichkeit, den Stein in der Bachmitte zu treffen. Dabei kann er sich nasse Füße holen – doch was ist dieses Risiko im Vergleich zum Selbstbewusstsein, das er gewinnt, wenn er aus eigener Kraft, auf die eigene Art zum anderen Ufer kommt?

▶ **Planungsinfo:** Die Anordnung der Steine verlockt zum Überwinden der Zwischenräume, bietet Anreiz, dem Element Wasser, das hier flach und gefahrlos ist, möglichst nahezukommen. Meist endet das Spiel mit sehr intensivem Wasserkontakt – das Kind wird nass: „Eigentlich wollte ich gar nicht ins Wasser, wollte gar nicht nass werden." Die Gestaltung der Umgebung inspiriert das Kind zu seinem Spiel und ermöglicht eine intensive Sinneserfahrung. Oberste Sicherheitsregel ist die kippfeste Verbauung der Steine.

Ein Sitzkreis mit Felssteinen und Findlingen befestigt

Ein Sitzkreis – gestaltet aus Holz, Betonformsteinen und bearbeiteten Holzplanken wie bei echten Bänken. Er ist für Kinder und Erwachsene geeignet. Für die

Seitenbefestigungen wurden Felssteine und Findlinge verbaut – für kleinere Kinder ein viel attraktiveres Kletterangebot als ebenmäßige Stufen.

▶ **Planungsinfo:** Unregelmäßigkeit ist nicht nur spannender für Kinder, unterschiedlich hohe Stufen können sie auch besser zum Sitzen nutzen. Die Kinder suchen sich den richtigen Sitzplatz entsprechend ihrer eigenen Größe. Die Sitzhöhe im Kindergarten beträgt etwa 30 Zentimeter, für Erwachsene circa 45 Zentimeter. In diesem Beispiel wurde gemäß den Möglichkeiten vor Ort gebaut.

Findlinge und Baumstämme standen für die Gestaltung des Versammlungsplatzes nicht kostengünstig zur Verfügung. So wurde aus vorhandenen Betonformsteinen, Bankauflagen aus Holz und einigen wenigen Natursteinen ein zentraler Treffpunkt gestaltet, der auch häufig von Eltern genutzt wird, die ihre Kinder abholen.

Was aus Sicht von Erwachsenen vielleicht etwas „zusammengestoppelt" aussieht, stellt sich aus der Perspektive der Kinder anders dar. Kindern geht es um die Frage: Was kann ich damit tun? Darüber hinaus wirkt die Materialvielfalt lebendig und ansprechend.

Dieses Bauwerk ist allerdings arbeitsaufwendiger, weil Fundamente notwendig sind.

6.5 | Fahrzeugparcours und Fußwege

Während die räumlich abgegrenzten Terrassen vor den Räumen den jeweiligen Gruppen als eigene Bereiche zugeordnet sind, in der eher ruhig Aktivitäten stattfinden, sind daneben auch Flächen erforderlich, auf denen unterschiedliches Spiel stattfinden kann.

Die Terrasse als Fahrzeugparcours

Jakob, drei Jahre alt, und die zweieinhalbjährige Yosita befinden sich auf einer mit Platten belegten Terrasse. Während die anderen Kinder mit Autos und Dreirädchen fahren, interessieren sich Jakob und Yosita für den gleichen Holzroller.

Yosita und Jakob beginnen mit dem Roller ein Wettrennen. Jakob rollert und lenkt, Yosita rennt nebenher und ist mit ihm gleichauf. In den Gesichtern der Kinder spiegeln sich Freude und Begeisterung an ihrem gemeinsamen Spiel.

Hier geschieht der Aufbau motorischer Fertigkeiten in einem spontanen Spiel, das gleichzeitig soziale Kompetenzen erfordert. Solche Lernprozesse sind weder planbar noch steuerbar. Sie können jedoch stattfinden, wenn die Umgebung reichhaltig und einladend gestaltet ist.

Die Lust am Bewegungsspiel dauert auch an, als die beiden Kinder das Ende der gepflasterten Strecke erreicht haben. Da auf dem unbefestigte Weg schlecht rollern ist, läuft Jakob nun ebenfalls zu Fuß. Er ist dabei, Yosita zu überholen; sie versucht ihn daran zu hindern.

▸ **Planungsinfo:** Hier wird die Terrasse als Fahrzeugparcours genutzt. Für beide Seiten – für die „Rennfahrer" und den „Rest der Welt" – ist es wichtig, dass die Fahr- und Wegestrecken klar und deutlich erkennbar sind. Dadurch werden Konflikte und Gefährdungen vermieden. Die Oberflächengestaltung des Weges kann und sollte unterschiedlich sein, um verschiedenste Anregungen und Herausforderungen zu bieten. Das kann von der wassergebundenen Decke über einen Kopfsteinpflasterbelag bis hin zu einer Holzpflasterfläche reichen. Auch alle weiteren möglichen, kostenlosen Restmaterialien sind geeignet. Lose Materialien sollten hier jedoch nicht verwendet werden, da sie entweder nicht befahrbar sind oder zu schnell aus dem Weg herausgespielt werden. Deutlich erkennbare Hindernisse, wie zum Beispiel seitliche Findlinge oder hineinragende Sträucher, stellen besondere Herausforderungen dar, die gemeistert werden müssen.

Ein Rundparcours schafft Raum

Für das Spiel mit Fahrzeugen ist ein befestigter Rundparcours am Rande des Geländes ideal. Kinder, die das Bedürfnis nach grobmotorischer Bewegung haben und ihr Freude daran entdeckten, erproben sich hier mit großer Geduld. Für sie ist ein Rundparcours ein „Endlosweg" – insbesondere dann, wenn er durch das abwechslungsreich gestaltete Gelände führt und Steigungen und Gefälle aufweist. In zigfacher Wiederholung legen die Kinder bei immer neuen Runden oft längere Strecken zurück.

Durch einen Rundparcours kann auch auf einem kleinen Gelände großer Bewegungsraum geschaffen werden.

▶ **Planungsinfo:** Wir empfehlen als Fahrzeugparcours einen Rundweg um das ganze Haus herum. In der Stadt, aber auch häufig auf dem Lande, haben die Kinder wenige Möglichkeiten, sich im öffentlichen Raum gefahrlos mit ihren Fahrzeugen zu erproben. Dies gilt es im geschützten Bereich der Kindertageseinrichtung auszugleichen.

Kurze Fahrtstrecken oder sogar nur Stichwege sind nicht attraktiv! Wer möchte schon denselben Weg hin und wieder zurückfahren? Ein eingebautes Gefälle erhöht die Attraktivität des Fahrzeugparcours.

Kinder suchen sich ihre Wege

Kinder nutzen spontan die Möglichkeiten, die sie sehen. Hier versucht Florian mit dem Dreirad einen unbefestigten Weg bergauf zu fahren. Dabei macht der Dreijährige sein Fahrzeug zum Laufrad, stößt sich mit aller Kraft vom Boden ab und kommt auf diese Weise vorwärts.

Florian fühlt sich erfolgreich, denn er meistert seine selbst gestellte Aufgabe – auch wenn die Erwachsenen seine Art der Nutzung von Rad und Weg nicht eingeplant hatten.

▶ **Planungsinfo:** Dieser Weg bildet in einem Gelände mit starkem natürlichem Gefälle eine Verbindung zwischen zwei befestigten Spielbereichen. Er führt durch Gehölze, die teils locker, teils dichter angepflanzt sind, und bildet so einen eigenständigen Spielbereich. Der Weg ist mit Findlingen rechts und links markiert, die gleichzeitig als Balancierelemente dienen.

Sandiger Fußpfad durchs Gehölz

Die fünfjährige Sina am Beginn eines Pfades, der von Generationen von Kinder-gartenkindern getreten wurde. Die dichte Randbepflanzung des Geländes, eigent-lich als Sicht- und Windschutz geplant, wird von den Kindern als „Dschungel" genutzt. Die Wege dahin und dadurch haben die Kinder selbst „angelegt". In

diesem naturbelassenen Winkel des Geländes kön-nen sie Pflanzen, Äste und Steine finden, die sie als Spielmaterial nutzen, und Insekten, Kleintiere und Vögel entdecken. Den Weg zu befestigten hieße, den Kindern Erfahrungsmöglichkeiten zu nehmen. Der Sandboden bildet einen Kontrast zu den befes-tigten Flächen und zum Rasen und erweitert damit das Angebot an Bewegungserfahrungen. Die Bewe-gungsmuster der Kinder entwickeln sich umso vielfältiger, je verschiedenartiger die Erfahrungen sind. Kinder, die auf solchen Wegen laufen, rennen oder stolpern werden geschickter in ihren Bewe-gungen. Damit erweitern sich auch ihre Hand-lungsmöglichkeiten.

▶ **Planungsinfo:** Hier gibt es nichts weiter zu tun: Die Kinder haben sich ihren Pfad getreten und die Pflanzen halten das aus. Es sind die Erwachsenen, die lernen müs-sen auszuhalten, dass die Kinder „verschwunden" sind — auf einem sicher umzäun-ten Gelände! Hier ist es möglich, auf eine Art und Weise zu spielen, die Eltern und pädagogischen Fachkräften nicht jederzeit Einblick und Kontrolle gewährt.

6.6 | Naturnahe Gestaltung mit Spielgeräten

Rutschen

Die Überwindung von Höhenunterschieden durch Rutschen ist ein natürliches Entwicklungsbedürfnis jedes Kindes, sodass es im Grunde keiner aufwendigen Geräte bedarf, um solche Bewegungsimpulse auszulösen.

Die Kinder nutzen auf dem folgenden Foto eine gegebene Bodenmodellierung zum Rutschen. Das Problem mit solchen „Naturrutschen" liegt eher in den Vor-stellungen von Erwachsenen darüber, wie Kinder zu spielen hätten — beim Thema „sauber und ordentlich".

▶ **Planungsinfo:** Ein Rodelberg wird im Sommer von den Kindern als Rutsche genutzt. Das war so nicht geplant, aber darum kümmern sich die Kinder nicht – und
von Seiten der Planer gibt es keinen Einwand. Solches Rutschenspiel hinterlässt
Spuren – im Hang und auf der Kleidung –, was nicht jeden freuen wird.

Die hohe Geschwindigkeit, das Kitzeln im Bauch, die
Überwindung des Höhenunterschiedes – all das
macht eine Rutsche für Kinder attraktiv. Die traditio-
nelle Gerätekonstruktion mit einer Leiter als Aufgang
erlaubt jedoch nur eine einzige, schematische Bewegung.

Hier nutzen die Jungen die Holzrampe. Während Paul
als erster das Seil ergriffen hat, beginnt Jakob den
Aufstieg im Vierfüßlergang. Mia läuft über die Treppe
hoch.

▶ **Planungsinfo:** Kinder wollen direkt neben der Rutsche wieder nach oben gehen
können – da nutzt auch eine Planung, die anderes vorsieht, nichts. Eine Aufstiegs-
möglichkeit ist die Holzrampe, die denselben Neigungs- und Höhenverlauf hat wie
das Rutschenblech selbst. Die Riffelung der verwendeten Bretter gibt bei jedem

Wetter guten Halt. Außerdem können die Kinder das Klettertau zum Hochziehen verwenden. Wichtig ist, das Tau an beiden Enden fest einzubauen. Eine Befestigung an einem circa 60 Zentimeter hohen Pfosten erleichtert das Klettern. Das Tau muss so angebracht werden, dass es nicht in die Rutsche hineingespielt werden kann. Zwischen Rutsche und Rampe darf es keinen Spalt geben, wo sich zum Beispiel Anorakschnüre verhaken oder Kinder ihre Füße einklemmen könnten.

Paul und Jakob haben jetzt beide das Seil gepackt und versuchen gemeinsam, nach oben zu gelangen. Mia ist schon wieder auf dem Weg nach unten, aber das interessiert die Jungen jetzt nicht. Sich am Tau auf der Rampe nach oben zu arbeiten, fordert all ihre Kraft und Konzentration.

▶ **Planungsinfo:** Für eine Knüppelstufenanlage benötigt man Rundhölzer aus Hartholz. Zunächst wird das waagerecht einzubauende Rundholz gesetzt und im Hang durch senkrechte Hölzer, die mit dem Vorschlaghammer eingeschlagen werden, befestigt. Man fängt an der untersten Stufe an und baut die Stufenanlage von unten nach oben auf. Die Stufentiefe soll so groß sein, dass der Fuß gut aufgesetzt werden kann. Das Gesamtgefälle muss flacher sein als 1:1, damit die Treppe nicht zu steil wird. Das Stufenmaß kann etwas unterschiedlich sein, die Stufen dürfen auch manchmal leicht schief liegen — eine gewisse Unregelmäßigkeit fordert die Motorik der Kinder heraus. Im Verhältnis zur Rutsche muss die Knüppelstufenanlage niedriger im Hang liegen, damit sich die Kinder beim Herunterrutschen an den Wangen der Rutsche festhalten können. Rutschen haben eine lange Lebensdauer. Aus Kostengründen können vorhandene Rutschen häufig zu Hangrutschen umfunktioniert werden.

Welche Herausforderungen die Rampe an die Bewegungs- und Koordinationsfähigkeiten stellt, wenn man noch wenig Übung hat, wird hier deutlich — aber gerade das macht ihren Reiz aus.

In koordinierter Kraftanstrengung kommen die Jungen ans Ziel. Die Erfahrung, dass es doch „nicht so einfach ist", stellt Paul im nächsten Versuch im Alleingang fest.

Mia hat Pauls „Ausrutscher" genutzt und schnell das Seil ergriffen. Er überlässt es ihr und legt erst einmal eine Pause ein. Vielleicht ist das Liegen auf einer schiefen Ebene ja auch eine interessante Bewegungserfahrung?

Kinder suchen sich selbst neue Herausforderungen, wenn sie die vorherigen gemeistert haben. Auf dem Foto rechts unten probt der sechsjährige Daniel das Rutschen mit dem Kopf voran. Seine Hände an den Wangen der Rutsche nutzt er zum Bremsen. Er ist in der Lage, das Risiko einzuschätzen und sorgt dafür, es zu beherrschen.

Die Suche nach neuen Herausforderungen ist eine genuin menschliche Eigenschaft und daher an kein Lebensalter gebunden. Auf dem linken Foto erfinden gerade Krippenkinder – zwischen zwei und zweieinhalb Jahren alt – neue Bewegungsvarianten an ihrer Hangrutsche, die von Länge und Neigung her ihren Möglichkeiten angepasst ist.

In diesen alltäglichen Spielsituationen werden die Potenziale einer naturnahen Geländegestaltung besonders deutlich: Die Kinder haben Möglichkeiten, die ihnen Geräte allein niemals bieten können, indem sie immer wieder neue Wege finden. Gleichzeitig findet intensives soziales Lernen statt. Die Kinder achten aufeinander, halten den nötigen Abstand und nehmen Rücksicht. Sie beobachten und imitieren sich gegenseitig und wetteifern miteinander. Die Spielsituation ist ein Moment von Teamwork und Fair Play – freiwillig und selbst organisiert. Auch weil die Möglichkeiten vielfältig sind, führt die Konkurrenz nicht zum Konflikt sondern zur Kooperation.

▶ **Planungsinfo:** Wenn Geld für eine neue Rutsche ausgegeben werden muss, dann ist die Anschaffung einer Breitrutsche (siehe Foto oben rechts) empfehlenswert. Dieses Gerät können mehrere Kinder gleichzeitig nutzen – und das erhöht die Spiel- und damit auch die Kooperationsmöglichkeiten.

Schaukeln

Um Kindern die Erfahrung des Schaukelns zu ermöglichen, braucht man nicht unbedingt aufwendige Geräte. Hier wurden einfach Seile zwischen Bäumen aufgehängt — und fertig sind die Schaukeln. Während Franziska vorsichtig probiert, sich mit den Füßen vom Boden abzustoßen, lässt Collin zunächst lieber das Seil allein schwingen. Weil Seilschaukeln so kostengünstig sind, ist es durchaus möglich, gleich mehrere Modelle anzubieten. Das steigert die Spielmöglichkeiten und verringert die Konflikte.

▶ **Planungsinfo:** Die Schaukelseile sind zwischen den vorhandenen Bäumen befestigt. Das ist kostengünstig, aber auch sinnvoll im Hinblick auf die Nachhaltigkeit. Während Seile, die einen Stahlkern haben, sehr lange halten, gehen Holzteile von Schaukeln relativ schnell, etwa nach zehn Jahren, kaputt. Das gilt vor allem für das Holz im Bodenbereich, wo es Wasser zieht. Eine Verankerung von Seilen zwischen Bäumen ist also nicht nur kostengünstiger im Bau, sondern auch im Wartungsaufwand geringer. Außerdem ist diese Lösung die individuellere. Die Seile werden so am Stamm befestigt, dass sie durch die Bewegung nicht am Stamm scheuern und die Rinde beschädigen können.

Sicherheitshinweis: Bei allen Schaukeln dürfen jeweils nur zwei nebeneinander in einer Aufhängung befestigt sein (DIN EN 1176).

Hier hängen drei herkömmliche Schaukeln nebeneinander in einer Konstruktion aus Stämmen. Kinder lernen am meisten durch das Beobachten und Nachahmen von Gleichaltrigen. Insofern ist es sinnvoll, gleich mehrere Schaukeln aufzustellen.

▶ **Planungsinfo:** Für den Fallschutz – durch Mulch, Fallschutzkies oder Holzhackschnitzel – vor und hinter den Schaukeln gilt folgende Faustregel: Ketten- bzw. Seillänge plus 2 Meter. In der Regel sind 8 Quadratmeter Bodenfläche bedeckt mit Fallschutz im Kindergarten ausreichend. Der seitliche Sicherheitsbereich, links und rechts vom Schaukelsitz, beträgt 70 Zentimeter. Die Höhe des Schaukelsitzes sollte mindestens 35 Zentimeter ausmachen.

Holzschaukelanlagen selbst zu bauen ist aufwendig und teuer. Klassische Spielgeräte sollten ein GS-Zeichen, einen TÜV-Stempel oder ein anderes Prüfzeichen einer unabhängigen Institution tragen.

Drei- bis Sechsfachschaukeln

Der kommunikative Aspekt wird unterstützt, wenn man die Schaukeln im Drei- bis Sechseck aufstellt. Hier schaukeln Noel, André und Marcel gemeinsam – und doch jeder im eigenen Tempo und Bewegungsrhythmus. Eigenständigkeit und Eigenverantwortung sind eine wichtige Voraussetzung für Kooperation. Und hier wird sie spielerisch geübt.

In Nestschaukeln, in denen immer mehrere Kinder schaukeln können, sind meist nur ein oder zwei Kinder – in der Regel die älteren – aktiv. Sie erproben ihre Kräfte und motorischen Fähigkeiten, was den jüngeren Kindern oftmals Angst macht. Das erhöht den Regelungs- und Kontrollbedarf durch die Erwachsenen, und jüngere Kinder haben dadurch weniger Gelegenheit zur Entwicklung eigenständiger Aktivität.

▶ **Planungsinfo:** Hier wird die Teilansicht einer Sechsfachschaukel gezeigt. Bei dieser Konstruktion sind Reifen über den Sitzen Pflicht, um das Abspringen zu unterbinden.

7.1 | Im Wasser- und Sandspielbereich

Das Mischen von Wasser und Sand bietet den Kindern vielfältige Erfahrungen für die Sinne. Wasser übt eine große Faszination auf Kinder aus und mit nassem Sand kann man wunderbar matschen und bauen.

Das Element Wasser erkunden — der Wassertisch

Die zweieinhalbjährige Leni und Sarah, knapp drei Jahre alt, auf der Terrasse vor ihrem im ersten Stock gelegenen Gruppenraum. Leni schöpft Wasser mit einer Suppenkelle, Sarah schaut gespannt zu, wie das Wasser durch einen Trichter läuft. Beide Mädchen kooperieren: Leni füllt das Wasser in den Trichter, gemeinsam erkunden die Krippenkinder, wie das Gerät funktioniert. Sie sind entspannt und konzentriert bei ihrer Aktivität. Ihre Kleidung ist durch wasserdichte Schürzen geschützt, doch sie sind barfuß. So wird es ihnen möglich, das Element Wasser mit allen Sinnesnerven ihrer Haut an Händen und Füßen zu erkunden.

Die Erzieherinnen haben dafür gesorgt, dass Gefäße und Geräte in ausreichender Anzahl zur Verfügung stehen. Hier eben zwei Trichter, also für jedes Kind einen. Das ermöglicht ein konfliktfreies, kooperatives Spiel.

Leni und Sarah können auch deswegen so konzentriert ihren Erkundungen nachgehen, weil sie um die Nähe ihrer Bezugspersonen wissen und ungestört sind, denn die Erzieherinnen haben die Anzahl der Kinder am Wassertisch jeweils immer nur auf zwei begrenzt.

Jedes Mädchen ist mit seinem eigenen Experiment beschäftigt: Leni schöpft mit der Kelle Wasser in einen Kochtopf – eine Handlung, die sie bei Erwachsenen vermutlich oft beobachtet hat. Sarah füllt mit einem Trichter Wasser in ein Gefäß. Dennoch ist das Spiel der Kinder ein gemeinsam-kooperatives.

Das Element Wasser übt auf Kinder eine große Anziehungskraft aus. Das Schütten, Gießen und Füllen von Flüssigkeiten und anderen Stoffen erproben Kinder ab dem ersten Lebensjahr – sobald sie in der Lage sind, zielgerichtet zu greifen. Der Umgang mit Mengen und Gefäßen, das Erkunden der Qualitäten von Elementen und Dingen mit allen Sinnen ist ein elementares kindliches Entwicklungsbedürfnis. Bis weit ins Schulalter werden die Kinder diese Tätigkeit in unendlichen Variationen Hunderte von Malen wiederholen, sofern sie die Gelegenheit dazu haben. Dabei bilden sie auf der Sinnesebene Begriffe, die die Kinder später mit den Begriffen auf der Ebene der sprachlich-formalen Logik verknüpfen. Ohne diese vielfältige Sinneserfahrung bleibt das kognitive Lernen ohne Fundament.

▶ **Planungsinfo:** Die beiden Mädchen spielen an einem Wassertisch „Marke Eigenbau": In ein ausrangiertes Möbelstück wurde ein Loch geschnitten, passend für eine große Plastikschüssel, die mehrere Liter Wasser fasst. Der Sommertag ist wie geschaffen für solche Experimente. Den Wassertisch haben die Erzieherinnen direkt auf die Entwässerungsrinne gestellt; so hält sich das Aufräumen hinterher in Grenzen. Die Mädchen spielen auf der Terrasse, dem Übergangsraum zwischen Innen und Außen. Die Kinder sind hier schon unter freiem Himmel, mit dem Element Wasser können sie fast so spielen wie draußen – frei von Beschränkungen, die in einem Gebäude beachtet werden müssen. Gleichzeitig ist in diesem Übergangsbereich die Nähe zu ihren Bezugspersonen, den Erzieherinnen, gegeben. Ihre Präsenz vermittelt den Kindern die Sicherheit, die sie brauchen, um sich so intensiv auf die Erkundung von Neuem einlassen zu können.

Wasser ist ein knappes Gut – die Regenwasserzisterne

Der vierjährige Simon an einer Handpumpe, die an einer Regenwasserzisterne angeschlossen ist. So hat er in den Sommermonaten, wenn die Zisterne gefüllt ist, jederzeit Zugang zum Spiel mit Wasser. Simon kann selbst entscheiden, ob und wann er damit spielen will. Doch wenn er sich dafür entschieden hat, erfordert es von ihm Kraft und Anstrengung – eine Grunderfahrung, die für frühere Generationen alltäglich war. Wasser als knappes Gut, das Arbeit und Umsicht notwendig macht – das erlebt Simon hier körperlich konkret. Simon versteht, dass er dieses Wasser nicht trinken darf. Für ihn stehen, wie für alle anderen Kinder, Getränke jederzeit zur Verfügung. Daran kann Simon sich, wenn er Durst hat, selbstständig bedienen.

Simon arbeitet mit aller Kraft. Mit seinem ganzen Körpergewicht hängt er sich an den Pumpenschwengel und hält ihn mit beiden Händen fest gepackt.

▶ **Planungsinfo:** Um eine möglichst gute Wasserqualität zu gewährleisten, sollte die Zisterne eine Größe von 5000 bis 7500 Litern haben und unterirdisch, in der Nähe der Pumpe eingebaut werden. Notwendig ist eine Badegewässerqualität, die auch erforderlich ist, um Seen zum Baden freigeben zu können. In der Regel wird diese Wasserqualität problemlos erzielt. Schwierig kann es nur manchmal in Industrie- und Großstädten werden, wenn die Dächer, von denen das Wasser in die Zisterne fließt, stark verschmutzt sind. Mit der Schwengelpumpe wird das Wasser aus der Zisterne heraufgepumpt und in den Bachlauf geleitet. Über verschiedene Staustufen, die die Kinder immer wieder neu bauen, fließt das Wasser bis in den Sandbereich und versickert dort. Die Zisterne kann unter dem kleinen Hügel oder auch in einiger Entfernung vergraben werden, da das Wasser von der Pumpe mit einem Saugrohr angesaugt wird. Es ist wichtig, dass kein Wasser auf dem Boden stehen bleibt, weil sich darin sonst Keime entwickeln könnten. Nur Spielplatzpumpen „überleben" die Belastung, der sie im Kita-Alltag ausgesetzt sind. Hier bei der Anschaffung sparen zu wollen, käme am Ende teuer zu stehen. Spielplatzpumpen genügen auch allen Sicherheitsanforderungen. Die Kinder können sich daran nicht klemmen. Jede Pumpe muss vor dem ersten Frost abgebaut werden.

Für den sicheren Umgang mit der Pumpe ist es wichtig, dass rundherum genügend Platz ist. Der Hügel muss also oben eine Art Plattform bilden, braucht jedoch insgesamt nicht hoch zu sein: 0,5 bis 1 Meter Höhe sind für das Gefälle des Bachlaufs völlig ausreichend.

Die große Pfütze im künstlichen Bachbett

Die vierjährige Pia mit Timo und Jannis, beide drei Jahre alt, in einer großen Pfütze im künstlichen Bachbett ihres Kindergartens. Ob es der nächtliche Regen war oder sich die Kinder durch Pumpen diese Pfütze selbst geschaffen haben, ist nicht erkennbar. Geschützt durch Gummistiefel, wasserdichte Hosen und Jacken spielen sie im Moder aus Wasser, Erde, Blättern und Zweigen. Mit Eimern und Sieben fischen sie im Trüben und versuchen, diese Mischung der Elemente zu ergründen.

Timo leert den Schlamm, den er vom Grund der Pfütze geschöpft hat, aus seinem

Eimer in Jannis Schubkarre. Wer weiß, wozu die Kinder dieses wertvolle Material noch verwenden wollen! Was bei Erwachsenen einen leichten Schauder auslösen kann, ist für diese Drei- und Vierjährigen Fundgrube, Experimentierfeld und Sinneserfahrung zugleich.

Im vorderen Bereich der Pfütze schwimmen, von den Kindern im Moment unbeachtet, mehrere Holzstücke aus einem Materialdepot auf dem Gelände. Vermutlich sind es Reste eines Dammbaus. Daneben finden sich Feldsteine, die sowohl zur Abgrenzung des Bachbetts dienen als auch von den Kindern als Baumaterial benutzt werden.

Voraussetzungen für solche Erfahrungen sind, abgesehen von der Geländegestaltung, Lernprozesse der pädagogischen Fachkräfte und Eltern, die akzeptieren und zulassen, dass die Kinder auf ihre Weise die Natur erkunden. Diese Haltung seitens der Erwachsenen ist die Grundbedingung dafür, dass Kinder entspannt und konzentriert, ganz und gar bei sich, ihre Entwicklungsbedürfnisse nach aktiver, erkundender Sinneserfahrung befriedigen können und dabei hochkomplexe Lernprozesse erleben.

▶ **Planungsinfo:** Die naturnahe Gestaltung eines Bachbetts, die in jedem Kindergartengelände – auch in der Großstadt – möglich ist, bietet den Kindern eine Vielzahl an Erfahrungs- und Experimentiermöglichkeiten. Für das Bachbett wird auf einem stabilen Schotterunterbau ein etwa 30 Zentimeter starker Betonunterbau geschaffen. In den noch feuchten Unterbau werden Natursteine hineingesetzt, sodass ein naturnahes Bild entsteht. Das Auffüllen von Sand als Spielmaterial macht den Bachlauf attraktiver.

Wasser, rauer Sand und weicher Schlamm

Im Hochsommer ist Schutzkleidung nicht nötig, um das Sand-Wasser-Matsch-Vergnügen zu genießen. Die sechsjährige Jule erkundet das fließende Wasser mit ihren Füßen. Vorsichtig Halt suchend, balanciert sie ihr Gleichgewicht auf glatten, nassen Steinen und der Schlammschicht aus. Jona und Emil, beide vier Jahre alt, arbeiten mit bloßen Händen im Sand-Wasser-Gemisch und formen daraus eine Landschaft mit Kanälen und Seen. Jona benutzt eine Konservendose, um Wasser zu schöpfen. Das Gefühl des nassen Elements auf der Haut, im Gegensatz dazu die rauen Sandkörner und der weiche Schlamm, dazu die Möglichkeit, zu formen und zu gestalten – solch intensive Sinneserlebnisse lassen die Kinder auf Geräte

wie Schaufel, Eimer, Bagger verzichten und das Tun mit bloßen Händen vorziehen.

▶ **Planungsinfo:** Wird das Bachbett darüber hinaus mit stufenartigen Becken angelegt, hat das gegenüber einer glatten, sauber wirkenden Rinne den Vorteil, dass mehr Raum für gestaltendes Spiel entsteht. Die Kinder spielen dann entlang des ganzen Bachbettes und nicht nur am Ende im Sandbereich. Sie bauen mit Sand, Holz und Steinen immer wieder neue Dämme und Staustufen – ein Spiel, das kaum je an Faszination verliert. Oftmals arbeiten ganze Teams an den Dämmen, die sie am Ende durch eine Flutwelle wieder zerstören. Je flacher die verschiedenen Becken sind, desto geringer die Auswaschung. Der Betonunterbau im Bachbett dient dazu, die Versickerung zu minimieren. So bekommt das Wasser eine gute Fließgeschwindigkeit, und ein großer Teil davon kommt unten im Sandspielbereich an, falls er nicht vorher gestaut wird.

Die Entscheidung für lehmigen Sand

Auch für Torben und Matthis – vier und sechs Jahren alt – sind Spielzeug und Sandspielgeräte in dieser Situation von untergeordneter Bedeutung. Sie graben und gestalten ihre Wasserstraße mit bloßen Händen. Beide Jungen nutzen ausschließlich ihre Hände, weil das intensive Bedürfnis nach dem hautnahen Kontakt mit Erde, Wasser und Sand die Geräte für sie im Augenblick uninteressant werden lässt. „Effektiver" oder „schneller" interessiert diese Kinder jetzt nicht. Das Sinneserlebnis steht für sie im Vordergrund.

▶ **Planungsinfo:** Auf den allermeisten Spielplätzen wird den Kindern gewaschener Sand angeboten. Dieser ist für die Erwachsenen angenehmer, weil er weniger Spuren auf Haut und Kleidung hinterlässt. Wir empfehlen jedoch lehmigen Sand: Weil er besser zusammenklebt, hat er einen höheren Spielwert. Lehmiger Sand klebt natürlich auch mehr an Hosen, T-Shirts, Händen und Knien und färbt auch mal ab. Daher sind hier klare Entscheidungen von Pädagoginnen und Pädagogen gefragt: Kann es Aufgabe einer Kindertageseinrichtung sein, Kleidung zu schützen, oder haben die kindlichen Entwicklungsbedürfnisse Vorrang? Kita-Teams, die diese Frage für sich beantwortet und sich dann für lehmigen Sand entschieden haben, fanden es nicht so schwierig, auch die Eltern dafür zu gewinnen.

Carolin, Bene und Hannes haben das Glück, Zugang zu einem Teich mit lehmigem Untergrund zu haben. Eine einfache Lehmpfütze genügt ihnen, um aktiv zu werden. Auch diese Vierjährigen ignorieren das Spielmaterial und benutzen als Werkzeuge ausschließlich ihre Hände und herumliegende Stöckchen. Das Sinneserlebnis, Lehm mit Wasser zu formen, das Erfühlen der weichen und doch zähen Masse mit den Händen ist ihr konkretes Entwicklungsbedürfnis.

Bene und Hannes versuchen gemeinsam, den Lehm zu einem Turm aufzuschichten.

In den Schöpfungsmythen vieler Kulturen formt ein Gott Lebewesen aus Lehm und haucht ihnen Leben ein. Lehm und Wasser als ursprünglich-archaisches Gestaltungsmaterial entdeckt jede Kindergeneration aufs Neue, wenn man ihr die Möglichkeit dazu gibt.

▶ **Planungsinfo:** Stehendes Wasser, wie hier in der großen Pfütze auf lehmigem Grund, ist in Kindertageseinrichtungen aufgrund hygienischer und gesundheitsrechtlicher Schutzvorschriften nicht erlaubt. Dennoch können Kitas im Rahmen von Projekten Kindern den Umgang mit Lehm und Wasser ermöglichen. Es muss dabei Vorsorge getroffen werden, dass keine Pfützen über längere Zeit stehen bleiben. Auf diese Weise kann man im naturnahen Gelände den Kindern im Sommer eine weitere, attraktive und kostengünstige Spiel- und Gestaltungsmöglichkeit anbieten.

7.2 | Kleintiere und Pflanzen – Teil der natürlichen Umwelt

Raupen, Schnecken, Ameisen, Käfer und Regenwürmer sind Teil der natürlichen Umwelt. Diese Tiere zu entdecken gehört zum Erlebnispotenzial des naturnahen Gelände – und das machen die Kinder ganz von allein! Eine der schwierigsten Aufgaben für die Erwachsenen besteht darin, sich mit eigenen, spontanen Reaktionen zurückzuhalten. Wer mit „Igitt" und „Pfui" und „Fass das nicht an!" reagiert, wenn ein Kind stolz seinen Fund vorzeigt, hindert es daran, sich auf seine Erfahrung einzulassen und blockiert weitere Lernprozesse.

Wie heißt das Tier? – Es ist eine Raupe

Paul hat eine Raupe gefunden und aufgehoben. Das Tier kriecht über den Zeigefinger seiner geöffneten Hand. Im Gesicht des zweijährigen Krippenkindes spiegeln sich Erstaunen und Interesse. Auf der Haut spürt Paul die Bewegung der Raupe und ist dabei völlig entspannt. Der Junge ist ganz und gar bei sich und seinem sinnlichen Erleben: einem leichten Kitzeln auf der Haut. Gleichzeitig beobachtet Paul die charakteristische Bewegung, mit der sich das Tier vorwärts bewegt. Vielleicht kennt er das Wort „Raupe" schon, vielleicht hört er es aber auch zum ersten Mal, wenn er der Erzieherin seinen Fund zeigt.

Paul war mit dem Roller unterwegs. Wie gut er das Fahrzeug schon beherrscht, wissen wir nicht. Möglicherweise war er so intensiv auf den Weg konzentriert, dass er dabei auf die Raupe gestoßen ist. Vielleicht ist er gefallen und hat dabei das Tier entdeckt; oder er hatte für heute schon genug gerollt und war offen für neue Erfahrungen. Deutlich ist, dass Paul seine großmotorische Aktivität beendet oder unterbrochen hat und sich nun ganz und gar auf die Sinneserfahrung einlässt. Er hält still, schaut und spürt. Der Wechsel von der großmotorischen Bewegung zur Sinneserfahrung war sein spontaner Entschluss. Hier steuernd eingreifen zu wollen hieße, das Kind in seinen Lernprozessen zu stören.

Was macht ein Regenwurm?

Finnja hat einen Regenwurm aufgesammelt, zusammengerollt liegt er auf ihrer flachen Hand. Die Dreijährige betrachtet das Tier interessiert. Eva, etwa gleichaltrig, schaut auch darauf, hält jedoch Abstand. Im Hintergrund zeigt sich Justus ebenfalls interessiert.

Justus hat nun auch einen Regenwurm gefunden, doch er mag das glitschige Tier nicht anfassen. Darum benutzt er eine Sandschaufel, um es aufzuheben. Benedikt hat sich als weiterer Betrachter eingefunden. Finnja und Justus zeigen sich gegenseitig ihre Regenwürmer. Während Finnjas Wurm immer noch zusammengerollt

auf ihrer geöffneten Hand liegt, streckt sich der Regenwurm von Justus auf der Sandschaufel lang.

Eine wichtige Voraussetzung dafür, dass die Kinder mit Freude ihrem Forscherdrang nachgehen und mit ihren Sinnen erkunden können, was ein Regenwurm ist, ist die entspannte, zugewandte Haltung der Erwachsenen. Sie stehen dem Tun der Kinder positiv gegenüber. Ein Ausruf wie „Igitt, nicht anfassen!" würde die Kinder sofort an ihrer Erkundung hindern. Um zu einer solchen Haltung zu gelangen, ist eine intensive Auseinandersetzung mit den eigenen Gefühlen und Lernerfahrungen notwendig. In dieser Situation tun die Erzieherinnen scheinbar nichts, jedenfalls ist eine Aktivität für den Beobachter nicht erkennbar. Doch ohne die positiv bestärkende Gegenwart der Erzieherinnen könnten die Kinder ihren Wissens- und Forscherdrang nicht befriedigen.

▶ **Planungsinfo:** Für solche „Spiele" braucht es im naturnahen Gelände keine weiteren Vorkehrungen. Nach einem kräftigen Regenguss kommen die Regenwürmer an die Oberfläche und sind überall sichtbar. Die Kinder, die vielleicht während der vergangenen Regenstunden oder -tage nicht draußen spielen konnten, bemerken die Veränderung in ihrem vertrauten Spielraum sofort und beginnen, sich dafür zu interessieren.

Eine Nacktschnecke und ein Schneckenrennen

Irina und Hendrik haben eine Nacktschnecke entdeckt. Einfach aufheben mögen sie das glitschige Tier nicht. Vor den Versuchen der Kinder, mit ihr Kontakt zu bekommen, hat sich die Schnecke zurückgezogen. Also nimmt Hendrik das Tier mit einer Schaufel auf.

Dass Schnecken Blätter fressen, haben die Kinder schon erfahren. Und nun wollen sie dafür sorgen, dass es dem Tier gut geht auf der Sandschaufel. So können sie die Schnecke weiter gut beobachten.

Wer genug Erfahrungen mit Schnecken sammeln konnte, erfindet neue Spiele. Leah und Vincent haben die schleimigen Blätterfresser eingesammelt und sind jetzt dabei, die Tiere als Rennschnecken startklar zu machen.

▶ **Planungsinfo:** Wer Salat und Erdbeeren im Garten hat, braucht für die Schnecken nicht zu sorgen! Auch dies sind spannende Erfahrungsmöglichkeiten für die Kinder – vorausgesetzt, die Erwachsenen können das aushalten!

Mit Brennnesseln gut auskommen

Die Erfahrung, dass Brennnesseln wehtun können, hat Jonathan schon gemacht. Doch früher oder später spricht es sich auch im Kindergarten herum, wie man durch festes Zupacken die Wirkung der Widerhäkchen ausschalten kann. Nun ist der Fünfjährige bei der Mutprobe „Brennnesselpflücken".

Jonathans Körperhaltung verrät Umsicht, sein Gesichtsausdruck Vorsicht und Skepsis. Er bleibt auf Abstand zu den Nesseln, seinen linken Arm hält er zurück. Mit der rechten Hand hat er eine Pflanze geknickt und versucht, sie abzubrechen. Noch ist nicht ganz klar, ob das gelingen wird. Wenn er Erfolg hat, wird er auch neues Wissen erworben haben – und neue Macht. Denn mit einer Brennnessel in der Hand lässt sich fast so gut kämpfen wie mit einem Schwert.

▶ **Planungsinfo:** Es gibt keinen Grund, warum man Kinder vor unangenehmen Sinneserfahrungen, die es in der Natur und im Leben gibt, schützen sollte, wenn keine wirkliche Gefahr besteht. Oftmals sind negative Erfahrungen für Kinder viel herausfordernder als positive. So kann zum Beispiel der Geruch von Schlamm für ein Kind spannender sein als der Duft von Lavendel. Daher sollte man nicht jeden Winkel des naturnahen Geländes von Brennnesseln oder Disteln befreien, auch Stachel- und Brombeeren kann man wachsen lassen. Und wenn es bei der Ernte auch mal kleine Kratzer gibt, dann schmecken unter „solchen Gefahren" geerntete Früchte in der Regel noch einmal so gut! Wirklich giftig sind die Blätter bzw. Früchte folgender Pflanzen, die im naturnahen Gelänen auf gar keinen Fall wachsen dürfen:

- Euonymus europaea – Pfaffenhütchen
- Daphne mezereum – Seidelbast
- Ilex aquifolium – Stechpalme
- Laburnum anagyroides – Goldregen.

Auch der Riesenbärenklau (Heracleum mantegazzianum), der stark ätzend ist, muss vom Spielgelände entfernt werden.

7.3 | Nutzpflanzen – Obst und Gemüse anbauen

Ohne großen materiellen Aufwand kann man Obst und Gemüse im Kindergarten anbauen. Die Kinder können hier selber gärtnern und ernten und lernen dabei viel über den Jahreskreis und Pflanzenwachstum. Doch der entscheidende Faktor ist der Mensch mit dem grünen Daumen und der Begeisterung für den Garten, denn Kinder finden das spannend, was die Erwachsenen tun.

Radieschen im Hochbeet

Tarik und Omar, drei und fünf Jahre alt, beim Ernten von Radieschen. Behutsam tastet jeder mit dem Finger die Reihe entlang und sucht nach den roten runden Wurzeln. Die Kinder waren aktiv dabei, als die Radieschen gesät wurden. Sie haben die ersten zarten Keimlingsblätter entdeckt, die Pflanzen gegossen und Unkraut gejätet. Immer wieder sind sie zum Beet gelaufen, haben nach „ihren Radieschen" geschaut und den Tag der Ernte ungeduldig erwartet.

Nun hat die Erzieherin den Kindern gezeigt, wie man die erntereifen Radieschen so vorsichtig aus der Erde zieht, dass die übrigen Pflanzen im Boden bleiben und weiter wachsen können.

▶ **Planungsinfo:** Zum Anbauen von Obst und Gemüse braucht es Hochbeete aus Holz, hier 0,80 mal 3 Meter groß, gefüllt mit Mutterboden an einem sonnigen, geschützten Platz, ein paar Gartengeräte, auch in Kindergröße, und einen kleinen Etat für Pflanzen und Samen. Die Hochbeete sollten höchstens einen Meter breit sein, damit sie von den Kindern bis in die Mitte hinein gut bearbeitet werden können. Eine Höhe von 40 Zentimetern ist kindgerecht. Diese Beete brauchen weniger Pflege, die Pflanzen wachsen besser, weil sich das erhöhte Erdreich schneller erwärmt. Hochbeete aus Holz oder Stein können in Eigenarbeit gebaut werden. Unten ins Beet kommen Äste als Drainageschicht, darüber wird der Mutterboden aufgeschichtet. Wichtig ist, dass Pflanzen angebaut werden, die nicht sehr lange Zeit bis zur Ernte brauchen, zum Beispiel Radieschen oder Erdbeeren. Auch ist es günstig, alle Arbeiten so zu planen, dass das Thema Garten bis zu den Sommerferien „abgehakt" ist, denn das Gießen, Pflegen und Ernten während der Ferien zu organisieren ist oft schwierig.

Tarik ist es gelungen, ein Radieschen aus der Erde zu ziehen. Nun staunt er über die lange Wurzel. Natürlich wird er kosten, was er geerntet hat! Erzieherinnen und Erzieher machen immer wieder die Erfahrung, dass Kinder Obst und Gemüse, deren Wachstum und Ernte sie miterlebt haben, viel bereitwilliger probieren und auch lieber mögen als solches, das bereits fertig angerichtet auf den Tisch kommt.

Tomaten, Erdbeeren und Kohlrabi brauchen Wasser, Licht und Zeit

Moritz hatte noch nie Gelegenheit, etwas zu pflanzen, bevor er mit seiner Erzieherin und den anderen Kindern der Gruppe diese Tomatenpflanzen gesetzt hat. Der Fünfjährige hatte sich vorgestellt, dass er am nächsten Tag die roten Früchte ernten könnte – und war zunächst enttäuscht, dass nichts weiter zu sehen war als kleine weiß-gelbe Blüten. Inzwischen gehört er zu den engagiertesten Gärtnern: Er weiß genau, wann „seine Tomaten" Wasser brauchen und holt sich dann die Gießkanne. Und er erlebt, wie die Früchte erst lange Zeit grün bleiben, bevor sie reif werden.

Kinder in diesem Alter haben noch keine innere Zeitstruktur aufgebaut. Wenn man ihnen sagt, in sechs Wochen oder im Juli werden Obst oder Gemüse geerntet, können sie mit dieser Information wenig anfangen. Erst durch das unmittelbare Erleben, welche Zeit natürliche Wachstumsprozesse brauchen und welche Arbeit das macht, bauen sie langsam einen Zeitbegriff auf und erkennen die Zusammenhänge.

▶ **Planungsinfo:** Es ist keine aufwendige Projektplanung nötig, um in den Hochbeeten zusammen mit den Kindern Radieschen und Petersilie zu säen, Salat, Kohlrabi und Tomaten zu pflanzen, zu pflegen und zu ernten. Auf diese Weise wird den Kindern, die Gemüse nur plastikverpackt oder tiefgefroren aus dem Supermarkt kennen, ermöglicht zu erleben, wie essbare Pflanzen wachsen und wie aus Samen oder kleinen Setzlingen ein Nahrungsmittel wird. Das sind für Kinder nicht nur vielfältige Sinneserfahrungen und Einsichten in Zusammenhänge und Prozesse, sondern sie können auch, Stück für Stück, durch das konkrete Erleben Verständnis für Naturvorgänge aufbauen.

Malte braucht all seine Kraft und Konzentration, um den großen Kohlrabi, den er mit beiden Händen festhält, aus der Erde zu ziehen. Er hatte sich nicht vorstellen können, dass Pflanzen so stark sind. Eigentlich isst Malte lieber Pommes als Gemüse, doch die Knollen, die er selbst geerntet hat, wird er auf jeden Fall probieren.

Britta und Max prüfen die Erdbeeren und müssen feststellen, dass sie noch grün sind. Die Kinder erleben auch, dass sie nicht die einzigen sind, die Erdbeeren mögen. Manchmal sind die Amseln oder sogar die Schnecken schneller gewesen beim Ernten.

▶ **Planungsinfo:** Schon vor einigen Jahren hat Karin Gitzen, stellvertretende Leitern der Kita St. Konrad in Koblenz und eine Pädagogin mit dem sprichwörtlichen grünen Daumen, neben dem Anbau der Nutzpflanzen auch ein „Bistro" initiiert. Jeden Montag kocht sie zusammen mit einer Kindergruppe ein Gericht, das anschließend gemeinsam gegessen wird. Ziel dieser kontinuierlichen Arbeit ist es, Kindern, die oftmals nur noch Tiefkühltruhe und Mikrowelle kennen, die Erfahrung von Kochen und Tischkultur zu ermöglichen. Und hier fügt sich nahtlos das Engagement der Erzieherin für den Gemüseanbau ein: Es erweitert die Möglichkeiten der Kinder, Einblick in die Zusammenhänge bei der Zubereitung von Nahrung zu erhalten und bei allen Tätigkeiten, die dazu notwendig sind, aktiv zu werden.

Der Kinder-Weinberg

Klingenmünster in der Südpfalz liegt inmitten von Weinbergen. Doch hautnah miterleben können die Kinder die Arbeit im Weinberg und das Wachsen der Reben kaum noch. Deswegen hat die Kita dort einen „Kinder-Weinberg" angelegt.

Der Sturm hatte hier einen Baum gefällt, seither liegt der Streifen brach und wartet auf neue Aufgaben. So kam Christiane Selig, Leiterin der Evangelischen Kindertagesstätte Klingenmünster, auf die Idee, hier einen „Kinder-Weinberg" anzulegen. Die Winzerfamilie Schönlaub sagte ihre Unterstützung zu. Im März wird der Boden gezackert, Holzpfähle werden gesetzt und Drähte gespannt. Beim Graben der Löcher und Pflanzen der 16 Reben beteiligen sich die Kinder. Immer zwei Kinder übernehmen gemeinsam die Patenschaft für eine Rebe. Sie sind verantwortlich für das Wässern und Jäten. Julian, dessen Pflanze im Vergleich zu den anderen kleiner ist, denkt an den heißen Sommertagen immer daran, dass „seine Rebe" Wasser braucht und gießt sie regelmäßig. Die Kinder jäten Disteln und andere Wildpflanzen im Wingert und wundern sich, wie viel da zusammenkommt. Fast täglich gibt es für die Paten einen Grund, nach ihren Reben zu schauen. Der Wingert liegt an der Hauptverkehrsader zum Kindergarten, jeder kommt täglich mehrfach daran vorbei. Viele Erwachsene bleiben stehen, betrachten die Pflanzen und fragen nach – und die Kinder erkunden die Reben mit ihren Sinnen.

Damit auch die Kinder, die im Herbst zur Schule kommen, erleben können, was mit den reifen Trauben geschieht, hat der Winzer von seiner eigenen Ernte gespendet. Die Kinder haben sich die Füße gewaschen und dürfen nun, wie früher, die Trauben treten. Mit dem eigenen Körper arbeiten sie daran, Saft herzustellen, und erleben, wie die runden, blauen Früchte nach und nach flüssig werden. Der Traubensaft wird mithilfe der Erwachsenen gefiltert und allen in der Kita – natürlich auch den Eltern – zum Kosten angeboten. Kinder, die Saft bisher nur quadratisch verpackt aus dem Supermarkt kennen, können hier seine Herstellung erleben. Von den erklärenden Worten der Erwachsenen vergessen die Fünf- und Sechsjährigen vieles meist schnell. Doch das, was sie selbst getan haben, und wo-

ran sie mit all ihren Sinnen beteiligt waren, prägt sich nachhaltig ein. Solche Erlebnisse legen den Grund für kognitive Lernprozesse in der Zukunft.

An einem Donnerstag im September ist Weinlese. Die Winzerin zeigt den Kindern, wie die Trauben abgeschnitten werden. Sie haben in den Tagen zuvor mit Wingertscheren geübt, Zweige zu schneiden, und kennen die Gefahren des Werkzeugs.

Tim hat sich hingekniet und den Eimer vor sich gestellt. In seiner linken Hand hält der Fünfjährige die Traube. Die große Schere in seiner rechten Hand hat er bereits geöffnet. Nun muss Tim genau den Punkt finden, wo er die Traube abschneiden kann ohne die Früchte oder sich selbst zu verletzen. Das ist eine komplexe Anforderung an seine Sinnes- und Bewegungskoordination: Mit den Augen sucht er den Punkt zum Schneiden, mit den Fingern seiner linken Hand ertastet er die Traube und bringt sie in die richtige Position. Mit seiner rechten Hand handhabt er die Schere – jeder Schritt für sich allein schon eine anspruchsvolle Aufgabe! Nur weil Tim im Umgang mit Scheren durch ihren häufigen Gebrauch im Kindergarten schon sehr geschickt ist, kann er diese für ihn völlig neue Aufgabe auf Anhieb meistern. Das Vertrauen der Erwachsenen in seine bereits entwickelten Fähigkeiten trägt und ermutigt ihn.

Auf dem nächsten Foto (S. 84) arbeiten Hannah und Jasmin zusammen. Hannah hat die Füße fest auf den Boden gestemmt. Sie steht breitbeinig, denn sie braucht viel Kraft zum Schneiden. Die Fünfjährige hat sich gebückt, um genau zu erkennen, wo sie die Schere ansetzen kann. Das Werkzeug führt sie mit beiden Händen. Es wurde nicht für Kinderhände geschaffen, aber da hier mit Bastelscheren nichts auszurichten ist, findet Hannah einen Weg. Die sechsjährige Jasmin bringt den

Eimer in die richtige Position. Umsichtig hält sie ihre Finger in größtmöglicher Entfernung zur Schere.

Auch Marie und Lena kooperieren. Marie hält mit beiden Händen eine Traube so, dass Lena die Schere richtig ansetzen kann. Auch Lena braucht die Kraft beider Hände, damit das Abschneiden gelingt. Die Kinder sind mit Freude und Konzentration bei der Sache. Dabei bewältigen sie nicht nur eine neue Aufgabe, die komplexe Sinneskoordination erfordert, sondern koordinieren sich auch auf sozialer Ebene. Ihre Kooperation ist keine von außen gesetzte didaktische Übung, sondern steht in einem Sinnzusammenhang, den die Kinder leben und mitgestalten. Sie haben den Weinberg gepflegt, die Reben wachsen sehen und die Trauben. Die Ernte haben sie voll Spannung erwartet. Dieses aktive Erleben schafft eine Grundlage, auf der sich Verständnis für die Wachstumsprozesse der Natur und die Arbeit der Erwachsenen entwickeln kann.

Nach der Ernte werden die Trauben zerkleinert und gepresst mit alten Handgeräten, die Eltern zur Verfügung gestellt haben. Die Kraft der Kinder und ihre Sach-

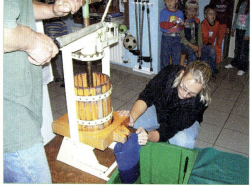

kenntnis reichen noch nicht so weit, dass sie damit eigenständig umgehen können. Doch sie können den Prozess beobachten und beim Zerkleinern mithelfen. Den Traubensaft genießen sie mit allen Sinnen und teilen freigiebig davon aus.

▶ **Planungsinfo:** Das Außengelände der Evangelischen Kindertagesstätte ist bereits seit über zehn Jahren naturnah umgestaltet. Wöchentliche Waldtage gehören heute ebenso zum regelmäßigen Angebot wie zweimal jährliche Aktionstage für Eltern und Nachbarn zur Pflege des Geländes. Für die Kinder und das Team ist ein kontinuierlicher Bezug zur Natur gegeben. Da lag es nahe, Wachstum, Pflege und Ernte der heimischen Kulturpflanze Wein in den Alltag zu holen. Zum Setzen der Reben, dem Ausgeizen und Beschneiden kommen Mitglieder der Winzerfamilie in die Kita, zeigen den Kindern, was getan werden muss und führen diese Arbeiten mit ihnen gemeinsam durch. Im ersten Jahr gibt kann man im Wingert noch nicht ernten.

7.4 | Die Vielfalt der Naturmaterialien

Die Hand als Vorläufer des Werkzeugs

Thomas hockt auf einer Wiese und drückt mit beiden Händen auf die Erde. Was er genau tut – ob er etwas aus- oder eingräbt, Samen verbuddelt oder die Spur einer Wühlmaus erkundet – ist nicht überliefert. Deutlich wird: Seine Hände sind ihm hier allemal die besten Werkzeuge. Echte Gartengeräte liegen bereit – sogar in kindgerechter Größe –, doch Thomas arbeitet lieber mit den eigenen Händen. Dieser Anblick erinnert daran, dass jegliches Werkzeug aus spezialisierten Funktionen der menschlichen Hand hervorgegangen ist und Kinder den Jahrmillionen dauernden Entwicklungsprozess der Menschheit innerhalb weniger Jahre – gewissermaßen im Zeitraffer – nachvollziehen. Der direkte Sinneskontakt mit allen natürlichen Elementen, das häufig wiederholte Erleben, „wie es sich anfühlt" und welche Qualität der jeweilige Stoff hat, bildet die Grundlage dafür, dass Kinder Interesse am Umgang mit Werkzeug gewinnen und es mit Geschick handhaben lernen.

▶ **Planungsinfo:** Aus planerischer Sicht ist zu unterscheiden zwischen „Wiese" und „Rasen". Den Rasen braucht man zum Fußballspielen und als Bewegungs- und Aufenthaltsfläche – ökologisch gesehen ist der Rasen eine Art Monokultur. Eine Wiese dagegen ist Lebensraum für zahlreiche Pflanzen und Tiere und deswegen auch für Kinder ein Ort für viele Entdeckungen und die Gestaltung ihrer Spiele. Wenn die Größe eines naturnahen Geländes nicht für Rasen und Wiese gleichzeitig ausreicht, muss planerisch und pädagogisch eine Entscheidung getroffen werden: Was ist uns wichtig? Wie geben wir den Entwicklungsbedürfnissen der Kinder Raum und sorgen dafür, dass auch das Ballspiel seinen Platz bekommt?

Raum für eigene Symbolgebungen

Erde und Steine, aufgeschichtet in einem Gehölz, sind hier das hauptsächliche Spielzeug. In einem geschützten Raum haben Kinder diese Naturmaterialien ge-

sammelt, neu angeordnet und ihnen eine symbolische Bedeutung gegeben. Vielleicht stellt das Gebilde einen Herd dar und es wurde hier Kochen gespielt? Steine, Erde und zwei Eimerchen genügen den Kindern als Requisiten, um symbolisch den Alltag nachzuspielen. Kulisse und Spielort bildet ein Gehölz als geschützter Rückzugsraum. Grundvoraussetzung für solches Spiel ist das akzeptierende Zulassen der Erwachsenen, die gegenwärtig sind, ohne das kindliche Spiel steuern zu wollen. Die natürlichen Elemente Erde und Stein bieten im Vergleich zu industriell gefertigtem Spielzeug ein Vielfaches an differenzierter Sinneserfahrung und sind Anlass für vielfältige symbolische Bedeutungsgebungen im Spiel. Kinder wissen intuitiv um diesen Reichtum des natürlichen Materials. Ein Kita-Team erlebte, dass die Kinder nach einer spielzeugfreien Woche einen großen Teil des Spielzeugs gar nicht zurückhaben wollten, wohl aber die leeren Kisten, in denen es aufbewahrt worden war. „Damit kann man viel schöner spielen", begründeten die Kinder ihren Wunsch. Damit drückten sie aus, dass sie Raum für eigene Symbolgebung im Spiel benötigen.

▶ **Planungsinfo:** Hier bedarf es planerisch keiner weiteren Vorkehrungen, als den Kindern Zugang zu Steinen und Erde und einem Spielgehölz zu ermöglichen. Die Hauptanstrengung für die pädagogischen Profis besteht darin, zuzulassen, dass Kinder lieber mit Erde spielen und „wertloses Zeug", wie zum Beispiel Steine, aufsammeln, als sich ausgefeiltem didaktischem Spielzeug und damit auch den von Erwachsenen gesetzten Lernzielen zu widmen.

Sammeln, schütten, kippen, umfüllen

Caspar schüttet Kastanien aus einem Eimer in einen anderen. Der gelbe Eimer ist halb gefüllt. Der Zweieinhalbjährige schüttet den Inhalt in den weißen Eimer, der wie zufällig daneben steht.

Die Krippenkinder haben die Kastanien gesammelt – auf ihrem naturnahen Gelände und bei Spaziergängen. Nun dienen diese als Material für Spiele, die sie selbst erfinden.

Sammeln, Schütten, Kippen, Umfüllen von einem Gefäß ins andere sind beliebte Aktivitäten von Kindern im Alter von ein bis sechs Jahren. Um ihnen dies zu ermöglichen, braucht es keinen weiteren Aufwand, als entsprechendes Material – ungefährlich und attraktiv (dazu eignen sich Kastanien hervorragend!) – und die passenden Behältnisse bereitzustellen.

Caspar braucht alle Kraft, um den Eimer anzuheben und die Kastanien zielgenau in das andere Behältnis zu schütten. Er packt mit beiden Händen fest zu. Sein geöffneter Mund weist darauf hin, dass er hier eine schwierige Balanceaufgabe bewältigt. Auch sein nach innen gedrehter linker Fuß und seine gebeugten Knie sind Zeichen dafür, wie viel Kraft und Konzentration Caspar benötigt, um diese selbst

gestellte Aufgabe zu meistern. Eine attraktive Aufgabe, denn Caspar erzielt einen schönen Geräuscheffekt, der ihn reizt, sein Schütt-Spiel mehrfach zu wiederholen. Was Erwachsene außerhalb von Kindertageseinrichtungen vielleicht „nervt", das wiederholte „Krachmachen", ist für Caspar ein echtes, von innen gesteuertes Entwicklungsbedürfnis: Der Junge koordiniert seine Sinne und seine Bewegungsintelligenz – Hör- und Sehsinn mit seiner Groß- und Feinmotorik.

Ein Stein ist härter als Eicheln

Sofia und Paula haben Eicheln gesammelt. Nun versuchen die Krippenkinder deren Inneres zu ergründen. Die zweieinhalbjährige Sofia benutzt einen Stein, doppelt so groß wie ihre Hand, um die Eicheln zu zertrümmern. Paula, etwa zwei Jahre alt, schaut zu und kommentiert das Geschehen. Sofia hat offenbar bereits soviel Erfahrung mit den Eigenschaften von Dingen gesammelt, sodass sie einen Stein als Schlagwerkzeug nutzen kann, um ihrem Wissensdrang – „Was steckt in einer Eichel?" – nachzugehen. Sie weiß schon oder probiert gerade aus, dass ein Stein härter ist als Eicheln. Der Rand des Sandkastens dient ihr als Amboss.

Fiona ist hinzugekommen. Gemeinsam betrachten die Mädchen die zerkleinerten Eicheln. Vielleicht zeigen sie sie später auch ihrer Erzieherin. Diese hat dann Gelegenheit, das Geschehen mit Worten zu beschreiben und so die Kinder in ihrem Spracherwerb zu unterstützten. Vielleicht sind die Mädchen aber auch so fasziniert von ihrem Tun, dass sie das Experiment noch viele Male wiederholen. Sie lauschen den Geräuschen des Schlags von Stein auf Stein und dem Knirschen der Eichel, wenn sie zerbricht. Dabei vollführen sie immer wieder die notwendigen Bewegungen, schauen, lauschen, zielen und koordinieren so ihre Sinne. Was immer das aktuelle Entwicklungsbedürfnis dieser Zweijährigen sein mag, im naturnahen Gelände ist für sie der Umgang mit natürlichem Material Alltag. Diese Erfahrungen in der frühen Kindheit legen den Grund, dass die Natur als Lebensumwelt als etwas Selbstverständliches erlebt wird. Dadurch kann sie später als Lebensgrundlage, die für den Menschen notwendig, wertvoll und daher schützenswert ist, begriffen werden. Solche frühen Erfahrungen prägen das Bewusstsein in einer Weise, die kein noch so guter Unterricht leisten kann.

Sammeln, sortieren und gestalten

Kerstin und Kathrin, anderthalb und knapp zwei Jahre alt, sammeln auf, was sie finden: Steine, Stöckchen, Blätter. Sie legen ihre Funde auf einem Deckel ab. Dieser Deckel verschließt im Sommer das Fass, in dem Wasser zum Spielen bereitgehalten wird. Nun dient seine fächerartige Struktur den Kindern zum Ordnen ihrer Funde.

Sammeln und Sortieren ist eine typische Aktivität von Kleinkindern. Mit ihren Sinnen erkunden sie auf diese Weise die Eigenschaften der Dinge und vergleichen sie miteinander. Sie erleben, wie sich ein grünes Blatt anfühlt, ein Stück Holz oder ein Stein. Die Kinder erfahren auf diese Weise auch die Eigenschaften „leicht – schwer", „groß – klein", „hart – weich". Kerstin hat gerade ein Stöckchen in eines der Fächer des Fasses gelegt. Es ist länger als das Fach und passt nicht hinein – anders als die Steine und Blätter. Kerstin ist dabei, sich die Begriffe „länger – kürzer", „innen – außen" zu erarbeiten. Ob sie die Unterschiede in diesem Moment schon völlig begriffen, ist unerheblich. In der vielfachen Wiederholung in immer neuen Situationen baut sie selbst gesteuert diese Begriffe auf. Ihre Erzieherin unterstützt sie dabei, indem sie das kindliche Tun sprachlich begleitet. Die Erzieherin benennt die Dinge und deren Eigenschaften und beschreibt die Handlungen der Kinder in einfachen Sätzen. Auch wenn Kerstin und Kathrin in diesem Augenblick weder antworten noch nachsprechen, lernen sie doch durch das Hören der Worte und Sätze die Sprache.

▶ **Planungsinfo:** Damit aus Naturmaterialien wertvolles „Spielzeug" wird, mit dem die Kinder Erfahrungen sammeln können, braucht es weniger materiellen, kostenträchtigen Aufwand, als Kenntnis und Verständnis für die Entwicklungsbedürfnisse der Kinder und Überlegungen, auf welcher Art und Weise ihnen Naturmaterialien und Behältnisse in ihrer normalen, alltäglichen Spielumgebung angeboten werden können.

Aaron hat Stöckchen, Beeren und trockene Grashalme gesammelt und damit ein Nest gebaut. Als Spielzeug dient ihm all das, was im naturnahen Gelände sowieso herumliegt. Den Schubkarren nutzt er als Sammelbehälter und Transportmittel. Nur Aaron und seine Mitspieler wissen, was das Nest genau bedeuten soll. Für die Erwachsenen sind die Hölzer höchstens „Gartenabfall", der auf den Kompost geräumt wird. Für die Kinder ist es wertvolles Material, mit dem sie sich spielerisch eine Welt nach ihrer Vorstellung erschaffen.

Auf dem rechten Foto dient Heu einer Gruppe von Kindern als Material zum Nestbau. Als geschützter Raum bietet sich eine zu Dreiviertel geschlossene, runde Weidenkonstruktion an. Sammeln und Gestalten sind eine häufige Aktivität im symbolischen Spiel. Im kindlichen Entwicklungsprozess sind es vermutlich die Stadien der archaischen Jäger- und Sammlerkultur, die die Kinder im Zeitraffer erleben.

Hanne und Eike dient Heu als Munition und Wurfgeschoss, um spielerisch, gefahrlos und lustvoll einen Kampf auszutragen.

Ist genügend von einem Naturmaterial vorhanden, werden spontan neue Spiele erfunden. Die Kinder auf dem rechten Foto sind auf einem Ausflug an einer Obstplantage vorbeigekommen, die gerade gemäht worden war und wo jetzt Gras und Wildkräuter als Mulch liegen. Sich ganz und gar ins Heu einwühlen, eingraben und darin verschwinden, sich wälzen und dabei spielerisch raufen und kämpfen – die Kinder stürzen sich mit großer Freude in das natürliche Element und erkunden es mit dem ganzen Körper. Auch unangenehme Erfahrungen – Heu und trockene Disteln können pieken – mindern die Lust am Spiel kaum.

▶ **Planungsinfo:** Ein weniger aufgeräumter Garten bietet Kindern mehr Möglichkeiten. Gerade verwilderte Plätze üben eine große Anziehungskraft aus, denn hier finden die Kinder genug natürliches Material für ihr symbolisches Spiel. Mit „weniger aufgeräumt" ist nicht gemeint, dass die Erwachsenen nicht für eine grundlegende klare Ordnung aller Räume, in denen die Kinder spielen – außen ebenso wie innen – zuständig sind. In Städten stellt sich oftmals die Frage: Woher können die Kinder solche natürlichen Spielmaterialien bekommen? Das Grünflächenamt der Stadt Freiburg ist dazu übergegangen, Grasschnitt, Blätter, Zweige und ähnliche Materialien, die es bei der Pflege der öffentlichen Anlagen wegzuräumen gilt, auf den Kinderspielplätzen abzulegen, wo sie als Spiel- und Gestaltungsmaterial verbraucht und „weggespielt" werden. Wer sich einmal auf den Gedanken eingelassen hat und mögliche Gefahren mit dem Gewinn, den die Kinder davon haben, abwägt, findet vor Ort sicherlich Möglichkeiten und Quellen, seine Kindertageseinrichtung mit Naturmaterialien zu versorgen.

Für Jens und Juliane sind Kampf und Konkurrenz im Augenblick nicht aktuell. Lustvoll, sinnlich, fast meditativ haben sie sich in den großen Blätterhaufen eingewühlt und erkunden das trockene Laub. Es ist leicht, luftig und farbig; es knistert, bietet Schutz und ist in solcher Fülle vorhanden, dass man fast ganz und gar darin verschwinden kann. Jens und Juliane erleben den sinnlich erfahrbaren Unterschied zu Sand, Erde oder Heu.

▶ **Planungsinfo:** Farbiges, trockenes Laub gibt es jeden Herbst in Hülle und Fülle. Es zu Spiel- und Sinnesmaterial werden zu lassen, ist eine Frage der Organisation und der Akzeptanz.

Faszination Feuer

Die Mehrheit der heutigen Generation hat den Umgang mit offenem Feuer im Alltag kaum noch selbst erlebt. Viele Erwachsene haben daher wenig Erfahrung mit Feuer und sind entsprechend unsicher und ängstlich. Doch den sicheren Umgang mit Feuer kann jeder lernen. Viele Feuerwehren bieten heute Präventionsarbeit an und schicken auf Anfrage geschulte Beauftragte in Kindertageseinrichtungen.

Hier wird gekokelt. Charlotte, Erika und Valentin sind ganz dicht am Feuer und stochern darin herum. Es knistert und knackt, ein Flämmchen lodert, es riecht, ist heiß, der Rauch beißt in den Augen. Alle Sinne sind gefordert. Wenn man den richtigen Abstand findet, macht es einfach nur Spaß: In der Glut stochern, das

Züngeln der Flammen beobachten und erleben, welche Wirkung man durch sein Tun erzielt – das ist ein echter kreativer Prozess. Kinder zündeln gern! Aus dem Alltag sind jedoch die täglichen Gelegenheiten, die Eltern zum Beispiel beim Herd- oder Ofenanzünden zu beobachten und durch „Dabei sein" und „Mittun" langsam den Umgang mit Feuer zu lernen, verschwunden. Das steigert Neugier und Interesse der Kinder. Feuerwehren plädieren daher für eine Brandschutzerziehung ab dem Kindergarten. „Geht mit den Kindern kokeln" fordert etwa die Freiwillige Feuerwehr Landau. Denn die Fachleute wissen: Aufklärung ist wirkungsvoller als jedes Verbot. Etwa ein Viertel aller Brände in Deutschland werden durch Kinder unter 14 Jahren verursacht, die heimlich gezündelt haben.

Tina hat von ihrem Erzieher die Streichhölzer ausgehändigt bekommen. Dass die Fünfjährige damit sicher umgehen kann, weiß er aus Erfahrung. Beim Kerzenanzünden in der Weihnachtszeit ist genug Gelegenheit, das zu beobachten. Tina weiß, wie sie ein Streichholz halten muss, damit sie sich nicht verletzt. Die Verabredung lautet, dass jetzt nur sie die Schachtel haben darf und an kein anderes Kind weitergibt.

Viel braucht es nicht für ein kleines Feuerchen: einen alten Kochtopf als sicheres Behältnis, etwas Holz und Papier auf brandsicherer Unterlage – hier ist das schlicht Sand. Doch ebenso wichtig ist die Sicherheit des Erwachsenen, der selbst mit dem Feuer vertraut ist und diese Erfahrung ausstrahlt und vermitteln kann. Notwendig sind außerdem das Vertrauen des Erwachsenen in die Fähigkeiten des Kindes sowie die sichere Beziehungsbasis zwischen Kind und Erwachsenem.

An einem feuchtkalten grauen Januarmorgen ist genau das richtige Wetter zum Feuermachen. Trockene Weihnachtsbäume brennen gut – in dieser Jahreszeit liegen sie kostenlos auf der Straße oder auf Sammelplätzen. Die Kindergartengruppe war auf „Beutezug" und hat nun genügend unterschiedliches Material.

Ein Baum ist schon völlig abgenadelt, ein anderer noch grün. Leonard, Jamie und Matthis versuchen, einen Baum zu zerlegen und so an Zweige in handlicher Größe zu kommen.

Es brennt! – in einem ausrangierten Aschenkasten, der zur Sicherheit und Standfestigkeit auf Steine gestellt wurde. Volker, Jette, Marlene und Lucie haben je einen Zweig oder Stock in der Hand, stochern damit im Feuerchen oder versuchen das Holz zu entzünden. So sammeln sie Erfahrung damit, was wie schnell brennt. Sechs Kinder haben ihre Zweige ins Feuer gehalten und zum Brennen gebracht. Hell lodern die Flammen.

Zwei Erwachsene sind in unmittelbarer Nähe – eine Erzieherin und ein Erzieher, der gleichzeitig risikofreudiger Initiator des Spiels ist und hier die Szene fotografiert. Was in diesem Bild auch nicht sichtbar ist: Eimer, gefüllt mit Wasser und Sand, stehen in unmittelbarer Nähe, jederzeit greifbar. Das ist eine Empfehlung der Brandprävention der Feuerwehr: Wer mit Kindern zusammen kokelt, sollte Behälter, gefüllt mit Löschmitteln, stets in Reichweite bereithalten. Nicht alle Vorsichtsmaßnahmen können die Kinder bereits verstehen. Das ist auch nicht notwendig. Dass sie diese Maßnahmen erleben ist das Entscheidende. Und dass sich dieses Erlebnis öfter wiederholt –, denn nur in der Wiederholung können sich die Erlebnisse zur Erfahrung verdichten und es kann ein Verständnis für die Zusammenhänge entstehen.

Das Spiel mit dem Feuer ist eindrucksvoll und spannend und reizt zur Wiederholung. Kalte graue Nebeltage gibt es in diesen Breiten genug. Und zum Feuermachen braucht man kaum ein Kind zwei Mal zu bitten.

▶ **Planungsinfo:** Feuer ist die archaische Urenergie, deren Beherrschung den Beginn der menschlichen Kultur markiert. Bis heute übt das Feuer, auch wegen seiner Risiken, große Faszination aus. Einmal im Jahr ein Grillfest oder ab und zu Würstchen oder Stockbrot braten sind ein Spaß für alle. Eine wirksame Brandschutzerziehung, wie sie von Experten gefordert wird, ist das allein jedoch noch nicht. Auf dem naturnahen Gelände ist Raum, um mit dem Naturelement Feuer zu spielen und dabei den sicheren Umgang damit allmählich zu lernen.

Eine Feuerstelle „Marke Eigenbau". Jetzt braucht es nur noch genügend Brennmaterial und nervenstarke Erwachsene, und das Feuervergnügen kann beginnen: als Osterfeuer, Kartoffelfeuer oder zum Stockbrotrösten. Provisorische Sitzgelegenheiten haben den Vorteil, dass der Rasen in feuerfreien Zeiten auch für andere Zwecke nutzbar bleibt.

▶ **Planungsinfo:** Feuer- bzw. hitzebeständige Natursteinpflastersteine werden im Kreis rund 15 Zentimeter tief in ein Betonbett eingebaut. Je nach Größe des Geländes beträgt der Durchmesser der Feuerstelle 1 bis 2 Meter. Die Oberkante der eingebauten Pflastersteine entspricht dabei der Höhe des umliegenden Geländes.

Äste, Zweige und Kastanien

Während eines Ausflugs in den Wald sammeln die Kinder Äste und Zweige und fügen sie so zusammen, dass eine Art Hütte entsteht. Eine „Höhle bauen" ist eines der ständig wiederkehrenden Themen im symbolischen Spiel. Gerade wo „nichts ist" als Natur, entzündet sich die kindliche Fantasie, Spielideen werden geboren. Ob mit oder ohne Impuls von Erwachsenen – binnen kurzer Zeit finden die Kinder in das kooperative Spiel mit Ästen und Zweigen. Dabei ist der Gestaltungsprozess wichtiger als das fertige Ergebnis. Soziales Lernen ist hier eine „Nebenwirkung" des symbolischen Spiels.

▶ **Planungsinfo:** Symbolisches Spiel von Kindern ist weder plan- noch steuerbar. Wenn Raum und Situation stimmen, entsteht es spontan, weil es ein genetisch veranlagtes, natürliches Entwicklungsbedürfnis ist. Alles, was man tun kann, besteht darin, Kindern den Zugang zu Orten zu ermöglichen, an denen Naturmaterialien – hier sind es Äste und Zweige – in solcher Fülle vorhanden sind, dass sie zu spielerischer Gestaltung einladen. Das ist oftmals keine Kostenfrage, sondern eine Frage von Mut, Kreativität und unorthodoxem Denken.

Leonard und die anderen Kinder seiner Gruppe sammeln Kastanien. Sie vergleichen und tauschen. Sammeln und Ordnen sind auch ständig wiederkehrende Themen des symbolischen Spiels. Kastanien gehören zu den Favoriten des Herbstes:
Erst sind sie stachelig, dann glänzend und duftend. Ohne ihre stachelige Schale
sind sie mal rund, mal eben. Die braunen, harten Früchte lassen sich gut greifen
und laden ein zum Vergleichen und Sortieren, Zählen und Wiegen.

Die grün-braunen Schalen der Kastanien, unansehnlich und wertlos, sind für Erwachsene höchstens als Kompost zu gebrauchen. Doch für den fünfjährigen Rafael haben sie einen Wert und eine Bedeutung. Er hat die Schalen in kleine Häuf-
chen sortiert. Seine Ordnungskriterien erschließen sich einem Erwachsenen
nicht. Das ist auch nicht nötig. Wichtig ist, dass Rafael die gesammelten Schalen
in eine persönliche Ordnung bringt und einen eigenen Bedeutungszusammen-
hang schafft. Rafael ist der Schöpfer seines eigenen Kosmos, den Schöpfungspro-
zess steuert er selbst. Sein symbolisches Spiel, angeregt durch attraktives Naturmaterial, ist gleichzeitig auch ein intensiver Lernprozess – sowohl auf der Ebene
der Sinneserfahrung als auch kognitiv und sprachlich. Kinder dieses Alters kom-
mentieren in der Regel ihr Tun.

8 | Das symbolische Spiel in der Natur

8.1 | Das Gehölz als Spielraum

Gehölze als Spielräume sind deswegen attraktiv, weil die Kinder hier mehr Gestaltungsspielräume haben, als in einer fertigen Hütte. Kinder treten sich ihre Wege dort, wo sie ein Ziel sehen. Wo sich Pfade, kreuzen, entsteht eine Art Marktplatz. Die Befürchtung, dass ein zum Spielen freigegebenes Gehölz bald völlig niedergetreten würde, ist unbegründet. Für jeden Menschen ist es bequemer, einen bereits getretenen Pfad zu benutzen, als sich selbst immer wieder anzustrengen, um sich einen neuen Weg zu bahnen.

Ein eigener Bereich

Eine Gruppe von Mädchen spielt dort, wo das Gehölz am dichtesten ist. Geschützt vor störenden Blicken oder kontrollierenden Interventionen richten sich die vier- bis fünfjährigen Mädchen einen eigenen Bereich ein – ein „Häuschen" wird ge-

baut. Sie kooperieren freiwillig und aus eigenem Entschluss, um ihr selbst gestecktes Ziel zu verwirklichen. Die Pflanzen geben Schutz nach den Seiten und nach oben, sie bilden Wände und Dach des selbst geschaffenen Raumes, wo die eigenen Regeln gelten.

Der Bau und das Einrichten des Häuschens ist oftmals der wichtigste Teil des Rollenspiels. Dabei findet eine Fülle an Lernprozessen statt: Verabredungen werden getroffen, was genau was zu bedeuten hat. Die Kinder sprechen miteinander, entwickeln dabei ihr Sprach- und Sprechvermögen sowie ihre Vorstellungskraft. Ein Beobachter sieht nur die Holzquader, die die Kinder schleppen, um sie an bestimmten Stellen zu platzieren. Doch die Mitspielerinnen wissen, was das zu bedeuten hat. Sie haben den Sinn ihres Tuns selbst bestimmt. Die Mädchen entwickeln nicht nur ihre Muskeln und ihre Fein- und Grobmotorik, indem sie mit den Blöcken hantieren, sondern gleichzeitig auch ihre Fähigkeit zu symbolisieren. Nur wenn ihr symbolisches Denken ausreichend entwickelt ist, können die Kinder später den Umgang mit den Symbolen wie Buchstaben und Zahlen, auf denen unsere Kultur beruht, lernen.

Rollenspiel braucht den geschützten Raum

Das Spiel hat sich entwickelt. Die Mädchen spielen jetzt „Kochen und Essen". Im symbolischen Spiel stellen die Kinder soziale Situationen nach, die sie tagtäglich erleben. Sie variieren die Ereignisse und verarbeiten auf diese Weise auch soziale Konflikte und belastende Erlebnisse.

Das Rollenspiel braucht den überschaubaren Raum. Diese Kleinräumigkeit ist durch Gehölze leicht herstellbar. Es ist der geschützte Raum, der zum Rollenspiel einlädt und auf diese Weise eine komplexe Vielfalt an Lern- und Erfahrungsmöglichkeiten öffnet.

▶ **Planungsinfo:** Man nimmt für ein Spielgehölz 1,5 bis 2,5 Meter große Pflanzen, zum Beispiel Haselnuss oder Hartriegel. Kleinere Sträucher würden sofort nieder-

getrampelt. Laubgehölze sind geeigneter, weil sie lichter sind als etwa Koniferen. Die Kinder können durch das Laub den Wechsel der Jahreszeiten intensiver erleben und finden mehr Naturmaterial: Ästchen, Blätter, Nüsse, Beeren zur Gestaltung ihrer Spiele. Solche Spielgehölze können, mit Ausnahme von Böschungsbereichen, unmittelbar nach der Anpflanzung zum Spielen freigegeben werden. Wichtig ist, dass die Sträucher eng gepflanzt werden. Ist die Pflanzung später zu dicht, nimmt man einen ganzen Strauch heraus und pflanzt ihn an eine andere Stelle. Schnittarbeiten sind nur dann erforderlich, wenn Äste abgebrochen sind. Durch Mulchen der Pflanzflächen können weniger Wildkräuter zwischen den Sträuchern hochwachsen, der Pflegeaufwand ist damit geringer.

Häufig wird argumentiert: „Die Pflanzen haben doch eh keine Chance. Wenn die Kinder darin spielen, verdichtet sich der Boden, brechen Äste ab und die Pflanzen sterben." Diese Aussage stimmt dann nicht, wenn die Pflanzung professionell geplant und angeleitet wird. Bäume, und vor allem Sträucher, üben eine hohe Anziehungskraft auf Kinder aus – vergleichbar mit Wasser und Erde – sodass sie ganz oben auf der Liste der naturnahen Angebote stehen. Pflanzungen von Sträuchern sollten daher nicht nur am Rande des Geländes angelegt werden. Einen hohen Spielwert haben Gruppenpflanzungen mit ausreichend Freiraum rundherum, der eine Entwicklung der Pflanzen zulässt. Der Nutzungsdruck auf die Pflanzen verteilt sich über die gesamte Fläche, wenn genügend Strauchbereiche und Gehölze zur Verfügung stehen.

Kinder benötigen für das Raumgefühl und das ungestörte Spiel Sträucher, die bis 1,5 Meter Höhe sehr dicht sind. Vorzugsweise sollten robuste, standortgerechte und buschig wachsende einheimische Sträucher verwendet werden. Aber auch nicht heimische Pflanzen können aufgrund besonderer Eigenschaften berücksichtigt werden. Zum Beispiel:

- Buddleia davidii – Schmetterlingsstrauch, weil er Schmetterlinge stark anzieht
- Calycanthus floridus – Gewürzstrauch, der intensiv duftet.

Heckenpflanzen, wie zum Beispiel der Feldahorn, die sich ohne regelmäßigen Schnitt zu Bäumen mit viel Schatten auswachsen, sind als Spielgehölze ungeeignet.

Sicherheit, um die eigenen Vorstellungen zu entfalten

Der dreijährige Jan ist unterwegs im Gehölz, das sich an dieser Stelle zu einer Lichtung weitet. In der linken Hand hält der Junge einen kurzen, gegabelten Stock, in der rechten ein Stück Holz. Seinen Blick hat Jan auf den Boden gerichtet; er geht zielstrebig in eine Richtung. Gehört Jan zu einer Gruppe oder ist er allein unterwegs? Sucht er weiteres Spielmaterial?

Jan ist konzentriert auf sich selbst, er verfolgt seinen Plan. Die angepflanzten Gehölze bilden einen physisch begrenzten, überschaubaren Raum, der den Kindern die Sicherheit bietet, die eigenen Vorstellungen zu entfalten.

▶ **Planungsinfo:** Hier entsteht der Spielraum aus dem Gehölz – die asiatischen Bambuspflanzen sind wegen ihres schnellen Wachstums beliebt, ihre Anpflanzung wird jedoch nicht gefördert, da es sich um keine einheimische Pflanze handelt –, den Findlingen und einer Mauer. Innerhalb dieser Begrenzungen entsteht der Raum, wo sich das kindliche Spiel entfaltet. Alles andere schaffen sich die Kinder selbst: Sie entscheiden, ob das Gehölz ein wilder, gefährlicher Dschungel ist, eine Dreizimmer-Wohnung für Vater, Mutter und Kinder oder eine Prärie für Verfolgungsjagden.

Lukas ist unterwegs auf dicht bewachsenen Pfaden. Ob der Fünfjährige auf Schleichpfaden einer geheimen Fährte folgt oder sich selbst vor Verfolgern versteckt, wissen nur er und seine Mitspieler. Kinder, denen eine solche Umgebung offen steht, brauchen keine Animateure. Sie erfinden ihre eigenen Spiele und entwickeln dadurch die kreative und soziale Intelligenz, die sie als Erwachsene brauchen werden.

▶ **Planungsinfo:** Schneebeerensträucher wurden ursprünglich als Randbepflanzung und Sichtschutz angelegt. Doch die Kinder haben sie sich als Spielraum erobert. Sie haben sich Pfade getreten, doch das Gehölz gedeiht weiter. Kinder und Pflanzen in friedlicher Koexistenz – ein Biotop im wahrsten Sinne des Wortes, wo sich Leben entfaltet. Seine Funktion als Sichtschutz erfüllt dieses Gehölz auch im Sinne der Kinder: In ihrer

Spielwelt wollen sie ungestört und unbeobachtet sein und gleichzeitig ihre erwachsenen Bezugspersonen jederzeit erreichbar wissen.

8.2 | Gestaltung von Rückzugsräumen

Weidenhäuser und Weidentunnel

Sami, vier Jahre alt, und die fünfjährige Antonia im Rollenspiel in einem Weidenhausdorf. Was genau gespielt wird, ist nicht erkennbar – und das ist auch der Sinn dieses aus Weiden gestalteten Spielraums. Von den Kindern werden solche Spielräume nur angenommen, wenn sie genügend Schutz und Rückzugsmöglichkeit bieten.

Der Kontrast von hell und dunkel ist eine elementare Sinneserfahrung, die in diesem Weidentunnel möglich ist. Gerade weil Dunkelheit für viele Menschen mit Angst besetzt ist, ist es für die Kinder wichtig, mit diesem Gefühl zu spielen, zu experimentieren und im geschützten Raum der Kindertageseinrichtung, die vertrauten Bezugspersonen in der Nähe wissend, Erfahrungen zu sammeln.

Allerdings muss man bei der Planung solcher Tunnel, genau wie bei allen anderen Wegen, darauf achten, dass sie zu einem konkreten und realen Ziel führen. Für die Kinder muss es sinnvoll sein, diese Wege zu nutzen, zum Beispiel als Teil eines Fahrzeugparcours, als Aufgang zu einem Hügel oder Zugang zu einem attraktiven Spielort.

▶ **Planungsinfo:** Weiden sind ein natürliches lebendiges Baummaterial, das sich für vielfältige Konstruktionen eignet. Damit lassen sich insbesondere dann, wenn wenig Platz ist, Rückzugsräume gestalten. Folgende Punkte sind zu beachten, wenn der Weidenbau erfolgreich sein soll, die Weidenruten also Wurzeln schlagen und zu einem Gehölz heranwachsen sollen:

Der richtige Standort: Weiden brauchen viel Sonne — an schattigen Plätzen, zum Beispiel unter anderen Bäumen, haben sie keine Chance.

Die richtige Sorte: In Deutschland wachsen Dutzende von Weidenarten. Für das Bauen geeignet sind am besten die Purpurweide (Salix purpurea) oder die Korb- bzw. Hanfweide (Salix vinimalis). Die anderen Arten haben den Nachteil, dass sie beim Verarbeiten leicht brechen.

Der richtige Zeitpunkt: Nur im Frühjahr (Februar bis April) oder im Herbst (Oktober bis Dezember) gepflanzte und in der Folge gut gewässerte Weidenruten können Wurzeln schlagen und grüne Wände und Dächer bilden. Im Früh- und Hochsommer haben diese Pflanzen keine Chance.

Die richtige Planung: Weidenruten kann man kostenlos von Gartenbau- und Wasserschutzämtern oder Umweltvereinen erhalten, wenn man seinen Bedarf dort rechtzeitig anmeldet. Die benötigte Menge ist meist riesig, und wenn andere Bauwillige auch Bedarf haben, kann es ein wenig eng werden.

Die richtige Pflege: Man muss seine Weiden lieben, damit sie gedeihen. Mindestens eine oder einer aus dem Team sollte „ein Auge und ein Händchen" für diese Pflanzen haben, für das Wässern sorgen und sehen, wann die neuen Triebe eingeflochten werden müssen. Ungepflegte Weidenkonstruktionen, die trocken und brüchig und damit durchsichtig werden, verlieren schnell ihre Attraktivität als Rückzugsort und Spielraum. Undichte Stellen müssen im Frühjahr und Herbst nachgeflochten werden. Wer die Möglichkeit hat, auf seinem Gelände Kopfweiden anzupflanzen, kann mittelfristig selbst ernten und so sein Nachschubproblem lösen.

In Bezug auf die Unfallverhütung ist darauf zu achten, dass trockene, herausstehende oder abgebrochene Äste abgeschnitten werden, wenn sie als „Spieße" gefährlich werden könnten.

Holzdepot

Paolo, fünf Jahre alt, hockt auf dem Boden, vor sich einen Eimer mit Sand. Auf eine große Baumscheibe, die ihm als Tisch dient, hat er zwei Förmchen gestellt, die

er mit Sand gefüllt hat. Weitere Mitspieler sind nicht zu sehen; der Fünfjährige ist ganz auf seine Sinneserfahrung konzentriert. Auch Paolo nutzt diesen Bereich nicht unbedingt so „wie geplant", sondern geht in dieser geschützten Ecke seinem Sandspiel nach. Er hat die Spielmaterialien arrangiert, wie er sie braucht, und aus anderen Bereichen herbeigeschleppt. Paolo gestaltet in diesem Moment seine Welt, wie er sie sich vorstellt. Der geschützte Raum lädt ihn dazu ein und bildet die Umgebung, in der solch individuelles Rollenspiel stattfinden kann.

Rechts oben im Bild ist zu erkennen, wie Hölzer ganz unterschiedlicher Größe und Form zu einer Abgrenzung angeordnet sind – Spuren eines weiteren Rollenspiels, das hier gestern stattgefunden hat.

▶ **Planungsinfo:** Hier wurde den Kindern kommerziell nicht weiter verwertbares Restmaterial aus der Holzverarbeitung zur Verfügung gestellt. Solches Material kann man auf Nachfrage bei der richtigen Quelle – Sägewerk, Forst, Schreinerei oder Baumarkt – kostenfrei erhalten. Die unterschiedlich geformten Hölzer dienen den Kindern als große Bauklötze bzw. Baumaterial. Eine einfache waagerecht eingebaute Bohle, die zum Teil ins Spiel mit einbezogen wird, grenzt den Bereich ab. Nebenan ein Depot, wo große Mengen von selbst gesammelten Kastanien ihren Platz finden und auf diese Weise zum attraktiven Spielmaterial werden.

Tischlerschuppen

Baustellen sind Männersache – so jedenfalls stellt sich diesen Drei- bis Sechsjährigen die Wirklichkeit dar, die sie in ihrem Spiel nachahmen. Sieben Jungen errichten gemeinsam eine Hütte aus getischlerten Brettern, Paletten und Holzquadern. Durch Übereinanderlegen der Bretter schaffen sich die Jungen einen Raum.

Felix, drei Jahre alt, schichtet Holzquader zu einer „Mauer" – die Abgrenzung nach außen.

Mario, Jonas und David bearbeiten zu dritt ein Brett: Sie messen seine Höhe und machen es passend. Mario und Jonas halten das Brett fest, während David es schleift. Die Jungen kooperieren, nur gemeinsam kommen sie zum Ziel. Dazu sind vielfältige Absprachen notwendig. Ihr Rollenspiel ist gleichzeitig ein intensiver Lernprozess, sozial und sprachlich, der selbst gesteuert ist und nicht von Erwachsenen angeleitet wird.

▶ **Planungsinfo:** Der offene überdachte Schuppen lädt auch bei nassem und kaltem Wetter zum Spielen im Freien ein. Das bereitliegende Material ist so attraktiv, dass sich die Jungen um die Witterung nicht kümmern, sondern auf der Baustelle „schaffen" – so, wie sie es bei den erst kürzlich zurückliegenden Bauaktionen ihrer Eltern beobachtet haben. Drei Bedingungen sind hier gegeben, die ein selbst organisiertes, kooperatives Rollenspiel möglich machen:

1. Ein umgrenzter Raum, der Gestaltungsfreiheit bietet
2. Attraktives Material, das „echt" ist und kein didaktisiertes, auf wenige Ziele reduziertes Spielzeug – es gleicht dem, womit die Kinder die Erwachsenen haben arbeiten sehen
3. Erzieherinnen und Erzieher, die präsent sind, das Geschehen im Blick haben, doch nur eingreifen, wenn sie gefragt werden oder Gefahr droht.

Erdhöhlen

Florian und Lasse, beide fünf Jahre alt, fahren Sand. Ein Laster ist bereits in den Tunnel eingefahren, einen zweiten setzt Florian gerade in diese Richtung in Bewegung.

Auch Torben und Matthis spielen im Sandspielbereich vor einer Erdhöhle. Die Jungen gestalten eine Landschaft. Nur mit den Händen, ohne jegliches Spielgerät, ziehen sie Gräben und werfen Hügel auf. Matthis schichtet Sand aufeinander und kommentiert sein Tun. Torben lenkt den Laster über das Gelände. Im Spiel trainieren die Kinder ihr symbolisches Denken. Der größte Teil ihrer Spielwelt existiert ausschließlich in ihrer Vorstellung. Der natürlich gestaltete Raum, in dem die Jungen ungestört sind, und das einfache Material machen solche Rollenspiele möglich. Im symbolischen Spiel entwickeln die Kinder die Fähigkeiten, die es ihnen später ermöglichen, die Symbole ihrer Kultur, Zahlen und Buchstaben, zu entschlüsseln. Ungestörtes Rollenspiel, in dem sich die Fähigkeit zu symbolisieren entwickelt, ist eine Grundvoraussetzung für späteren Erfolg beim schulischen Lernen.

▶ **Planungsinfo:** Ein Rückzugsraum, der zum Rollenspiel einlädt, ist die Erdhöhle. Die einfachste Bauweise besteht darin, Betonschachtringe in einen Hügel einzubauen und anschließend zum Beispiel mit Sandsteinen zu verkleiden. Schachtringe sind Massenware und daher oftmals kostenfrei oder kostengünstig zu haben. Die „Räuberhöhlen" sollten einen Durchmesser von 1 Meter und eine maximale Gesamttiefe von höchstens 2 Metern besitzen. Ein leichtes Gefälle zum Ausgang hin gewährleistet, dass Regenwasser wieder herausfließen kann. Um Kopfverletzungen vorzubeugen, sollte die Höhlen-Innenkante abgerundet werden. Wenn der Abstand von Sand zur Oberkante der Höhle mehr als einen Meter beträgt, muss für diesen Bereich eine Absturzsicherung eingebaut werden. Das kann zum Beispiel ein Handlauf sein. Aber auch eine dichte Bepflanzung, die den Zugang zu diesem kritischen Punkt verwehrt, ist möglich.

Baumhaus

Ein Baumhaus ist eine Möglichkeit, einen Raum für ungestörtes Spiel zu schaffen. Die Erwachsenen sollten sich beim Bau auf die Aspekte der Sicherheit und Festigkeit der Konstruktion beschränken und sich mit eigenen Fantasien beim Ausbau und der Gestaltung zurückhalten. Ein leeres Baumhaus ist für die Kinder wesentlich attraktiver als ein bereits eingerichtetes – auch wenn die Einrichtung, die die Kinder im Spiel vornehmen, vielleicht eher vorläufig und behelfsmäßig erscheint. Das Einrichten und Ausgestalten ist oft zentraler Teil der Spiels, und gerade das Vorläufige schafft Raum für immer wieder neue Spiele.

▶ **Planungsinfo:** Das Baumhaus ist ein Wunschtraum von Jung und Alt. Sich in luftiger Höhe mit bestem Aus- und Überblick der Welt ein wenig entziehen zu können, ist faszinierend und bietet Raum für spannende Abenteuer. Um dem Baum nicht zu schaden und kein unkalkulierbares Risiko einzugehen, sollte das Baumhaus nicht direkt in den Ästen des Baumes, sondern auf Pfosten um den Stamm herum gebaut werden. Dabei ist es nicht erforderlich, dass das Baumhaus besonders hoch im Baum verankert ist. Auch Höhen von 1 Meter sind für das Abenteuererlebnis durchaus ausreichend.

III | In zehn Schritten zum Erfolg: Naturnahe Gestaltung als Beteiligungsprojekt

Natürlich ist es möglich, ein naturnahes Gelände innerhalb weniger Wochen zu planen und binnen drei Monaten zu realisieren, wenn man die Firmen rechtzeitig beauftragt und diese ihre Zeitpläne einhalten. Je nach Größe des Geländes, Materialeinsatz und Arbeitsaufwand betragen die Kosten dann zwischen rund 50.000 und 120.000 Euro.

Spätestens bei diesen Zahlen werden die meisten Eltern und Kita-Teams zusammenzucken und sich fragen: „Woher sollen wir soviel Geld nehmen?" Es bleibt die Hoffnung auf den Großsponsor oder die gute Fee, bei der man drei Wünsche frei hat. Großsponsoren soll es geben, doch meist waren andere schon früher da und haben die Töpfe ausgeschöpft. Doch was ist mit der guten Fee?

Gerade Träume und Fantasien sind oftmals der Anfangsimpuls für die Umgestaltung eines Geländes in ein naturnahes. Keine der Kindertageseinrichtungen, deren naturnahes Gelände in diesem Buch als Beispiel geschildert wird, hatte zu Beginn, als Team und Eltern anfingen erst zu träumen und dann konkret zu planen, mehr als ein paar Tausend Euro auf dem Konto. Viele sogar weniger. Und doch fragten sich manche von ihnen zwei Jahre und vier Bauaktionen später: „Und was machen wir jetzt mit dem Rest des Geldes?" Das klingt märchenhaft, ist aber für viele Wirklichkeit geworden: Innerhalb von zwei bis zweieinhalb Jahren wurde ein naturnahes Gelände im Wert von rund 80.000 Euro geschaffen und immer noch ist Geld in der Kasse für einen weiteren nächsten Bauabschnitt.

Alle helfen mit

Um das Geheimnis gleich zu lüften – das Zauberwort heißt **Beteiligungsprojekt.** Was ist darunter zu verstehen?

Ein Beteiligungsprojekt bedeutet, dass Fachleute und Laien in vielen kleinen und einigen großen Schritte innerhalb eines überschaubaren Zeitraums von 14 bis 20 Monaten so zusammenarbeiten, dass ein naturnahes Gelände geschaffen wird. In einem Beteiligungsprojekt verlassen die Laien – Träger, Kita-Leitung, Elternvertretung und Förderverein – ihre Rolle als reine Auftraggeber des Planers. Bei herkömmlichem Vorgehen dagegen würden alle Aufgaben der Planung und des Baus an die entsprechend qualifizierten Profis – eine Landschaftsplanerin oder einen Landschaftsplaner und eine Garten-Landschaftsbau-Firma – vergeben. Doch bei einem Beteiligungsprojekt überschreiten die Laien diese Grenzen. Sie formulieren nicht nur am Anfang den Auftrag und zahlen am Ende die Rechnung, sondern sind in allen Phasen der Planung und des Baus aktiv beteiligt. Das funktioniert natürlich nur, wenn Planer es ihrerseits nicht nur aushalten können, sondern auch positiv bewerten, dass Eltern, Kinder, pädagogische Fachkräfte, Pastoren und Geschäftsführer ihre Nase überall hineinstecken, bei der Planung mitreden, die Organisation teilweise in die Hand nehmen und auf der Baustelle mitarbeiten. Ein Beteiligungsprojekt kann nur dann erfolgreich sein, wenn auch Planerinnen und Planer ihre Grenzen überschreiten und nicht an einer engen Definition ihrer Berufsrolle festhalten.

Das klingt nach viel Arbeit. Und das ist es auch! Ein Beteiligungsprojekt bedeutet, die enge Rollenaufteilung aufzugeben und sich auf einen längeren Dialog- und Lernprozess einzulassen. Dieser Lernprozess ist gegenseitig und mehrdimensional: Nicht nur Laien lernen, sondern auch die Profis. Die Planerinnen und Planer beziehen von Anfang an alle Beteiligten:

- das Kita-Team
- Kinder
- Eltern
- Träger

in den Planungsprozess mit ein. Das dauert länger, hat aber den Vorteil, dass sich am Ende alle Beteiligten im realisierten Projekt wiederfinden, weil ihre Wünsche und Vorstellungen verwirklicht worden sind oder sie sich zwar unterwegs von Träumen, die noch nicht umzusetzen waren, verabschiedet haben, dennoch aber aktiv beteiligen. In einem Beteiligungsprojekt wird mit allen Beteiligten zusammen geplant. Die Planerin oder der Planer leitet in mehreren eintägigen Bauaktionen – grundsätzlich nur an einem Samstag, weil dann alle Beteiligten eher Zeit haben – 50 bis 120 Menschen an, das Geplante zu bauen.

Für bestimmte Arbeiten ist es jedoch sinnvoll, Fachfirmen zu beauftragen. Das Aufschichten und Verdichten von Erde zu einem Hügel oder das Entsiegeln einer betonierten Fläche ist als Handarbeit von Laien zwar zu bewältigen, wäre für eine eintägige Bauaktion aber zu langwierig und mühsam. Beteiligte sind keine Hilfs-arbeiter, sondern kreative Mitgestalter! Sie hauptsächlich für schwere körperliche Arbeit einzusetzen, die von Fachleuten mit passendem Gerät innerhalb weniger Stunden getan werden kann, hieße, die engagierten Laien nur als billige Arbeits-kräfte zu gebrauchen. Das wäre jedoch demotivierend für das ganze Projekt. Zu den Arbeiten, die Freiwillige innerhalb einer samstäglichen Bauaktion gut leisten können, gehören dagegen zum Beispiel:

- Einbau einer Rutsche in den zuvor aufgeschichteten Hügel
- Bau verschiedener Rutschenaufgänge aus Stein und Holz
- Bepflanzung des Rutschenhügels.

Durch eine solche Arbeitsteilung zwischen Profis und Laien wird sichergestellt, dass nach gründlicher Planung, sorgfältiger Vorbereitung und guter Organisation am Montagmorgen nach der Bauaktion das naturnahe Gestaltungselement „Rut-schenhügel" zusammen mit weiteren gebauten Elementen von den Kindern sofort zum Spielen genutzt werden kann.

Die Beteiligten verfügen als Gruppe über vielfältige Ressourcen. Dazu gehört nicht nur ihre Arbeitskraft mit den unterschiedlichsten Qualifikationen, sondern auch das Netzwerk ihrer sozialen Beziehungen — sowohl untereinander als auch zu Unternehmen und Institu-tionen, die möglicherweise be-reit sind, sich mit Material- und Geldspenden am Projekt zu beteiligen. Die Frage ist nur, wie erschließt man sich diese Quellen und bringt sie zum Sprudeln?

Vielfältige Ressourcen können genutzt werden

9 | Die Vorlaufphase

9.1 | Erster Schritt: Die Ausgangssituation erkunden

Das Erkunden der Ausgangssituation geschieht in einem Vorgespräch mit Planerin oder Planer. Ein Beteiligungsprojekt ist nur dann möglich, wenn alle drei Hauptakteure

- Eltern
- Kita-Team und
- Träger

mit im Boot sind und den festen Willen bekunden, das Gelände in ein naturnahes umzugestalten. Ist das nicht der Fall, macht ein Beteiligungsprojekt zu diesem Zeitpunkt noch keinen Sinn. Dann muss entweder weiter Zeit darauf verwendet werden, die fehlenden Akteure zu überzeugen, oder man lässt das naturnahe Gelände ausschließlich von Fachfirmen gestalten. Wenn deutlich wird, dass Eltern, Kita-Team und Träger sich gemeinsam engagieren wollen, kann das Beteiligungsprojekt beginnen.

9.2 | Zweiter Schritt: Eine Vision entwickeln

Nachdem die Ausgangssituation geklärt ist, folgt die Phase des Suchens, Sammelns und der Know-how-Vermittlung. Alle Beteiligten versuchen, sich möglichst schlau zu machen und herauszufinden, was sie denn nun wirklich realisieren wollen. Die Planerin oder der Planer gibt Wissen und Erfahrung weiter, zum Beispiel in Form eines Dia-Vortrags auf einem Elternabend. Vertreter des Trägers, des Teams und der Eltern fahren zu Einrichtungen, die bereits naturnahe Gelände gebaut haben und erkunden deren Erfahrungen. Erzieherinnen und Kinder machen Ausflüge in den Wald, erleben Natur und reflektieren diese Erfahrung. Die Kinder halten ihre Eindrücke fest, indem sie malen und modellieren und so Ideen und Vorstellungen zum Ausdruck bringen. So entwickelt sich die Vision. Die leitenden Fragen sind:

- Wie kann unser Gelände als „naturnahes" aussehen?
- Was wollen wir?
- Was brauchen wir?

Das Team formuliert seine Wünsche, ebenso die Eltern, die Kinder und der Träger. Alle Ideen werden veröffentlicht und sind auch für alle einsehbar.

9.3 | Dritter Schritt: Die Willensbildung

Dieser Prozess wird durch eine Willensbildung abgeschlossen – meist an einem Nachmittag oder Abend, an dem alle Verantwortlichen vertreten sein können. Hier wird entschieden, und zwar besser durch eine Gewichtung mit Klebepunkten als durch lange Debatten. Die Vision bewegt sich nun in Richtung Wirklichkeit. Die Planerin oder der Planer hat bis hierher den Prozess moderiert und begleitet und wird dies auch weiterhin tun. Auch die Kinder entscheiden in einem eigenen Prozess, den die Erzieherinnen begleiten, über die Rangfolge ihrer Wünsche. Die Schritte eins bis drei dauern etwa sechs bis acht Wochen.

9.4 | Vierter Schritt: Der Vorentwurf

Auf der Grundlage der Entscheidung im dritten Schritt entwickelt der Planer oder die Planerin einen Vorentwurf. Es wird ein Plan gezeichnet, in dem sich die Wünsche und Visionen der Beteiligten wiederfinden. Dieser vorläufige Plan ist ein Vorschlag, wie die von Kindern und Erwachsenen gewünschten Veränderungen in Richtung naturnah im gegebenen Gelände realisiert werden können. Alle Akteure erhalten diesen Vorentwurf und er wird ausführlich besprochen. Eltern, Kita-Team und Träger verstehen dann zum Beispiel, warum es sinnvoll ist, den Sandspielbereich an genau dieser und nicht an einer anderen Stelle anzulegen, oder dass ein Spielgehölz hier besser platziert ist als dort. In diesem Schritt nähert sich die Vision der Realität. Alle Informationen fließen in den Vorentwurf ein und alle Beteiligten erhalten Einblick. Jetzt sind noch Änderungen möglich, die in die endgültige Planung eingehen können. Zusammen mit dem Vorentwurf legt das Planungsbüro eine Kostenberechnung vor, aufgeschlüsselt nach Material- und Lohnkosten. Hier können dann die weiteren Überlegungen ansetzen:

- Welches Material können wir geschenkt bekommen oder kostengünstig erhalten?
- Wo können wir Lohnkosten einsparen, indem wir selbst Hand anlegen?

Durch Elternhilfe können Lohnkosten eingespart werden

Nach Diskussion und Verabschiedung des Vorentwurfs wird der endgültige Entwurfsplan gezeichnet. Eine Planungsgruppe, die das Projekt leitet, konstituiert sich. Darin sind alle drei Hauptakteure – Eltern, Kita-Team und Träger – vertreten. Die Vorlaufphase eines Beteiligungsprojekts mit den Schritten eins bis vier dauert zwei bis fünf Monate.

10.1 | Fünfter Schritt: Der Plan

Jetzt geht's los. Der Entwurfsplan steht. Er wird in der Kita ausgehangt, und jeder Vertreter der Hauptakteure und alle, die Verantwortung übernehmen, bekommen ihn in die Hand. Nun ist das Ziel konkret. Es ist klar, was an Material und Kompetenz gebraucht wird und wie viel das kostet.

10.2 | Sechster Schritt: Das Fundraising-Seminar

Wenn das Ziel definitiv ist und der endgültige Entwurfsplan vorliegt, ist der Moment gekommen, sich Unterstützung vom Profi zu holen. Professionelle Fundraiser bieten Kunden mit wenig Geld – genau das ist ja die Zielgruppe! – eintägige Fundraising-Seminare zu überschaubaren Preisen an. Bewährt hat sich die Teilnahme von freiwilligen, ausgewählten Akteuren – in der Regel Eltern – an einem Seminar zum Thema: „Wir haben ein tolles Produkt – wie vermarkten wir es?" Die als Fundraiser Geschulten kehren mit viel Elan und einer Menge an Ideen zurück und machen sich gleich an die Arbeit. Jetzt ist auch der Zeitpunkt gekommen, mit gezielter Öffentlichkeitsarbeit zu beginnen. Meist findet sich jemand unter den Beteiligten, der über das notwendige Know-how verfügt oder jemanden kennt, der es zur Verfügung stellt. Jeder Träger hat im übergeordneten Verbund Profis für Öffentlichkeitsarbeit, bei denen sich die Beteiligten Rat und Hilfe holen können. Steht erst einmal in der Zeitung, was man vorhat, was gebraucht wird und wer bereits Spenden an Material und Kompetenz zugesagt hat, reagieren viele, die dann von den geschulten Fundraisern angesprochen werden, sehr offen und sind bereit, sich ebenfalls zu engagieren. Das Umweltministerium Rheinland-Pfalz fördert zum Beispiel die Umgestaltung von Kindergartengeländen in naturnahe Gelände bis zu einem bestimmten Anteil der Bausumme, wenn es sich um ein Beteiligungsprojekt handelt.

10.3 | Siebter Schritt: Abfrage von Potenzialen und Fundraising

Im nächsten Schritt wird nach den örtlichen Gegebenheiten gefragt:

- Was ist räumlich und finanziell möglich?
- Welche Ressourcen bietet die Gruppe?

Ein Beispiel: Wenn es in der Gegend Steinbrüche gibt, kann man Steine günstig erwerben oder sogar im Rahmen von Sozial Sponsoring geschenkt bekommen. Dann macht es insgesamt Sinn, beim Bau mehr Naturstein zu verwenden. Handelt es sich um eine Region mit mehr Forstwirtschaft, wird Holz als Material kostengünstig zu haben sein und sollte als Baumaterial in größerem Umfang eingeplant werden. Weitere Fragen lauten:

- Gibt es Handwerker unter den Beteiligten – Tischler oder Maurer?
- Gibt es Kran- oder Lkw-Fahrer oder Mitarbeiter von Baufirmen, die kostengünstig am Wochenende Maschinen ausleihen können?

Eine als Fundraiserin geschulte Mutter eines Kindergartenkindes machte sich auf den Weg und erzählte in ihrem Ort von dem geplanten Projekt. Sie fragte bei Vereinen, Firmen und Institutionen an, ob und wie diese sich beteiligen könnten. Ein Malerbetrieb sagte Gerüst, Werkzeug und Farben zu, die Forstverwaltung Baum-

Wer kann Baumaschinen kostengünstig ausleihen?

stämme, der Angelverein Erdaushub; die Freiwillige Feuerwehr stellte einen Arbeitseinsatz in Aussicht, die katholische Frauengemeinschaft ihren Erlös aus dem Adventsbasar und der Gesangsverein wollte ein Benefizkonzert veranstalten (siehe Anhang).

Der siebte Schritt ist der Moment, in dem die Netzwerkdrähte der Gruppe zu vibrieren beginnen. Die Ressourcen „Führung" und „Verantwortung" entfalten sich und tragen Früchte. Fundierte Öffentlichkeitsarbeit ist jetzt genau richtig. Viele Einrichtungen verfügen auch über einen Förderverein, der die Verantwortung für diese Aktivitäten übernimmt.

10.4 | Achter Schritt: Detailplanung und Bildung von Arbeitsgruppen

Es besteht jetzt Klarheit über die vorhandenen Ressourcen und Potenziale. Gemeinsam haben Planer und Beteiligte entschieden, welche Bauabschnitte in der ersten Bauaktion verwirklicht werden sollen. Jetzt geht die Planung ins Detail. Es ist die Stunde der Listen und der Verteilung von Verantwortung. Je nach Größe des Geländes und Umfang der Bauarbeiten werden sechs bis zehn Arbeitsgruppen gebildet, die am Aktionstag jeweils an einem Abschnitt arbeiten. Jede der Arbeitsgruppen braucht einen Verantwortlichen und meist ist an Freiwilligen kein

Arbeitsgruppen bilden

Mangel. Das Planungsbüro stellt Listen zur Verfügung, die aufzeigen, welches Material und welches Werkzeug für das ganze Projekt der naturnahen Umgestaltung gebraucht werden. Jeder als Fundraiser Geschulte erhält eine Gesamtliste, ebenso jedes Mitglied des Planungsausschusses. Außerdem hängt die komplette Liste in der Kindertageseinrichtung öffentlich aus. So kann sich jeder, der will, auf dem Laufenden halten. Oftmals kommt eine Mutter oder ein Vater beim Abholen oder Bringen des Kindes auf die Idee, wo dieses oder jenes Material bzw. Werkzeug gerade günstig zu beziehen ist. Beispiele für solche Listen finden sich im Anhang sowie unter http://www.stadt-und-natur.de/naturnahe-spielraeume/.

Wichtig ist in dieser Phase, dass die Planer nicht starr am vorgefassten Plan festhalten, sondern bereit sind, ihn je nach Zufluss von Ressourcen flexibel abzuändern. Sind bestimmte Materialien überhaupt nicht oder nur sehr teuer aufzutreiben, wird an diesem Punkt der Plan geändert. Es macht beispielsweise keinen Sinn, an einer Einfassung des Wasser-Sand-Spielbereichs aus Sandsteinen festzuhalten, wenn diese nur für viel Geld zu haben sind, während Baumstämme, die ebenso gut als Einfassung verwendbar sind, von der Forstverwaltung gesponsert werden. Wird unerwartet ein bestimmtes Material in großer Menge gespendet, zum Beispiel Kies als Fallschutz, wird eben dieser statt des geplanten Mulchs verbaut.

Neben den Gesamtlisten liefert das Planungsbüro noch Teillisten und Teilpläne für jede Arbeitsgruppe der ersten Bauaktion. Diese Teillisten und -pläne werden ebenfalls ausgehängt. Vermerkt ist immer, wer verantwortlich ist und wie viele Aktive für die Verwirklichung des Teilplans gebraucht werden (siehe Anhang). Die Arbeitsgruppen heißen zum Beispiel:

- Bachlauf (verantwortlich: Fritz Müller) – gesucht 6 Personen
- Wegefläche ergänzen (verantwortlich: Gerd Meyer) – gesucht 4 Personen
- Wassergebundene Wegedecke (verantwortlich: Iris Weber) – gesucht 7 Personen.

Drei Arbeitsgruppen werden immer gebraucht zur:

- Kinderbetreuung
- Versorgung
- Öffentlichkeitsarbeit.

10.5 | Neunter Schritt: Vorbereitungsgespräche mit den Planern

Etwa sechs bis acht Wochen vor Beginn der ersten Bauaktion finden, meist am Nachmittag und im Halbstundentakt – pro Arbeitsgruppe maximal 30 Minuten –, die Vorbereitungsgespräche der Planerin oder des Planers mit den Verantwortlichen der Arbeitsgruppen statt. Den Verantwortlichen werden jeweils die einzelnen Arbeitsschritte genau erläutert. Sie erfahren, wie die Arbeit im Bauabschnitt genau abläuft und welche Schritte in welcher Reihenfolge getan werden müssen. In der Regel wissen die Verantwortlichen zu diesem Zeitpunkt schon, wer in ihrer Gruppe mitarbeitet, oder es wird jetzt im Gespräch klar, welche Kompetenzen noch gebraucht werden und wer vielleicht noch gezielt um Mitarbeit gebeten werden sollte. Nach diesem Gespräch überblicken die Verantwortlichen, welches Werkzeug, welche Maschinen und welches Material am Morgen der Bauaktion auf der Baustelle vorhanden sein müssen. Es wird ein „Melde-Termin" festgesetzt, der zwei Wochen vor der geplanten Bauaktion liegt. Zu diesem Termin wird dem Planungsbüro mitgeteilt, welche Materialien und Werkzeuge noch fehlen. Das Planungsbüro unterstützt dann die Planungsgruppe bei der Beschaffung. Nur mit solch genauer Detailplanung und konkreter Terminsetzung wird der Erfolg der Bauaktion sichergestellt und jedes Risiko ausgeschlossen, dass wegen fehlender Materialien oder fehlenden Werkzeugs die Arbeit auf der Baustelle ins Stocken gerät und ein geplanter Bauabschnitt vielleicht nicht vollständig verwirklicht werden kann. Der Erfolg des gesamten Projekts hängt davon ab, dass in der ersten Aktion das jeweils Geplante auch gebaut wird.

In der Detailplanung sind auch die vorbereitenden Arbeiten der Fachfirmen zu berücksichtigen. Das Entsiegeln einer Betonfläche mit Presslufthämmern oder die Erdarbeiten zum Aufbau eines Hügels mit Radlader oder Bagger sollten zum Beispiel so spät wie möglich ausgeführt werden, um das Gelände für die Kinder bespielbar zu lassen. Optimal ist dafür die Woche unmittelbar vor der samstäglichen Bauaktion. Allerdings sollten die Arbeiten der Fachfirmen so geplant werden, dass diese am Donnerstag abgeschlossen sind. Der Freitag stellt einen Zeitpuffer dar, um eventuell unvorhergesehene Verzögerungen ausgleichen zu können. Läuft alles nach Plan, stehen am Freitag dann alle Werkzeuge und Materialien bereit und die Vorarbeiten im Gelände sind getan.

Der neunte Schritt ist eine Phase intensiver Know-how-Vermittlung. Die Planerin oder der Planer gibt Wissen und Erfahrung weiter und versetzt die Laien in die Lage, auf der Basis der eigenen Kompetenz und unter ihrer Begleitung eigenständig einen bestimmten Bauabschnitt zu realisieren. Das ist zeitaufwendig für die Fachleute, sichert jedoch die Fertigstellung der einzelnen Bauabschnitte innerhalb eines Aktionstages. Nichts wäre hemmender für ein Beteiligungsprojekt, als wenn geplante Schritte nur teilweise verwirklichlicht würden. Das Erfolgsgeheimnis von Beteiligungsprojekten liegt darin, dass am Ende einer samstäglichen Bauaktion für alle sichtbar – und für die Kinder zum Spielen nutzbar! – fertige Ergebnisse erzielt werden.

Bei den Schritten fünf bis neun sammelt und konzentriert sich die Energie der Gruppe. Ihr Elan wächst und die Motivation steigt. Die Bauaktion wird mit Freude und Spannung erwartet. Diese Phase dauert etwa drei bis sieben Monate.

11.1 | Zehnter Schritt: Die Bauaktion

80 bis 100 Freiwillige – Eltern, Kinder, Großeltern und Nachbarn – sind am Samstagmorgen um 9 Uhr vor Ort, ebenso das Kita-Team. Jeder kann mitarbeiten, auch die Kinder. Erwachsene, die bisher glaubten, sie seien mit zwei linken Händen auf die Welt gekommen, entdecken oft ungeahnte Fähigkeiten. Jeder weiß, in welcher Gruppe er mitarbeitet, kennt seine verantwortliche Arbeitsgruppenleitung und wird von ihr eingewiesen. So werden zum Beispiel gleichzeitig ein Rutschenhügel und eine Mikadomulde gestaltet, ein Spielgehölz gepflanzt oder eine wassergebundene Decke für den Fahrzeugparcours angelegt. Alles Material – Steine, Erdaushub, Sand, Mulch, Weiden oder Baumstämme – liegt bereit, ebenso das Werkzeug. Dass viele Hände anpacken wollen, aber nicht genügend Schaufeln oder Schubkarren vorhanden sind, darf nicht passieren. Die Kinder sind dabei, machen mit, wo sie wollen und können – meist in der Nähe ihrer Eltern. Wenn sie das Interesse verlieren, sind Erwachsene für ihre Betreuung zuständig. Arbeit

Endlich: Spielen im naturnahen Gelände

macht hungrig und durstig. Die Gulaschkanone wird meist mit Beifall empfangen, und wenn der Grill eingeheizt ist, muss zur Pause nicht extra geläutet werden. Am Ende des Tages ist der Hügel bepflanzt, die Rutsche eingebaut und die Aufgänge aus Holz und Stein sind fertig. Die Pflanzen für das Spielgehölz sind gesetzt, die neue Wiese ist eingesät und der Fahrzeugparcours kann in Betrieb genommen werden. Es wurden Werte in einer Höhe von 10.000 bis 30.000 Euro geschaffen.

Ab Montagmorgen spielen die Kinder in den neuen naturnahen Bereichen des Geländes. Die Gruppe hat etwas geschafft. Nach einer notwendigen Ruhephase beginnen die Vorbereitungen für die nächste Bauaktion. Sie liegt noch in weiter Ferne, findet vielleicht erst wieder im Herbst statt. Die Beteiligten wissen jetzt, wie es geht. Sie haben Erfahrung gesammelt und sind sich sicher, dass sie wieder erfolgreich sein werden.

Das hier in zehn Schritten beschriebene Beteiligungsprojekt stellt einen idealtypischen Ablauf dar. Erfahrene Projektleiter wissen: Auch eine noch so gute Planung und genaue Vorbereitung im Detail ist keine Garantie dafür, dass das wirkliche Leben sich an die Vorgaben hält. Ein Gerät kann ausfallen, ein Werkzeug kaputt gehen oder Schrauben können in der falschen Größe bestellt worden sein. Nur wer damit rechnet, dass auch Unvorhergesehenes passieren kann und ein gewisses Talent zur Improvisation mitbringt, kann ein Beteiligungsprojekt als Planer oder Planerin erfolgreich begleiten.

11.2 | Nachhaltigkeit und Lernprozesse

Auf diese Weise schaffen sich die Beteiligten in vielen kleinen Schritten in einem Zeitraum von anderthalb bis zweieinhalb Jahren das naturnahe Gelände ihres Kindergartens oder ihrer Krippe. Selbst wenn es dann genauso aussieht wie ein Gelände, das ausschließlich Fachfirmen innerhalb von wenigen Wochen hätten fertig stellen können, so ist es doch etwas ganz anderes! In einem Beteiligungsprojekt ist Raum für Lernprozesse – insbesondere für die Erwachsenen. Die Kinder lernen sowieso – tagtäglich. Sie nehmen die neuen Möglichkeiten des naturnahen Geländes spontan wahr, mit allen Sinnen und mit dem ganzen Körper. Für die Erwachsenen ist das nicht so einfach. Sie müssen sich möglicherweise von langjährig geübten Wahrnehmungs- und Verhaltensmustern verabschieden und von Vorstellungen darüber, wie Kinder sind oder sein sollten:

- Kinder, die den ganzen Sommer über täglich Wasser zum Spielen haben – werden sie nun ständig in nasser Kleidung herumlaufen?
- Sind die Kinder im Gelände unsichtbar, weil sie sich zum Spielen in ein Gehölz zurückziehen und scheinbar die Erzieherin gar nicht mehr brauchen?
- Der ganze Schmutz, der nun ins Haus getragen wird – wie wird man damit fertig?
- Eltern, die ihrem Kind morgens erlaubt haben, in teurer Kleidung in den Kindergarten zu gehen, holen vielleicht nachmittags ihre Tochter ab, die zwar entspannt und zufrieden ist, aber mit Spielspuren auf der Jacke, die kaum eine Reinigung beseitigen kann.

Viele Fragen, viele Anlässe zum Nachdenken und manchmal auch Verunsicherung gehören unweigerlich zu einem solchen Projekt. Die Umgestaltung des Außenbereichs in ein naturnahes Gelände kann auch Veränderungen im Inneren in Gang setzen und Anstoß sein zu weiteren Aktivitäten und Lernprozessen. Umdenken und sich von langjährigen Gewohnheiten zu verabschieden braucht Zeit. Im Beteiligungsprojekt ist der Raum dafür. Auch Lernprozesse der Erwachsenen erfordern viele kleine Schritte und sind selten schmerz- und konfliktfrei. Getragen werden solche Lernprozesse jedoch von der Erfahrung, durch eine gemeinsame Anstrengung etwas geschaffen zu haben. Der Erfolg macht den Unterschied. Das naturnahe Gelände ist nun „unseres" – das Ergebnis gemeinsamer Kreativität. So bietet ein Beteiligungsprojekt nicht nur die Chance, ohne große Etats nachhaltige

Jährliche Pflegeaktion

Werte zu schaffen, sondern auch Raum für das Lernen von Erwachsen, die viele Dinge tun können, von denen sie früher kaum zu träumen wagten, und sich jetzt vielleicht Fragen stellen, die ihnen vorher nicht in den Sinn kamen. Weil es sich beim Beteiligungsprojekt um einen qualitativen Prozess handelt, kann es Ausgangspunkt für vielfältige Veränderungsprozesse sein.

Weil das naturnahe Gelände, das durch ein Beteiligungsprojekt gestaltet wurde, sich für die Nutzer anders anfühlt, hat es auch eine längere Lebensdauer. Um das Geschaffene zu erhalten, ist es sinnvoll, zwei Mal jährlich – im Frühjahr und im Herbst – eine Pflegeaktion gemeinsam mit Kita-Team und Eltern zu veranstalten. Dabei wird zum Beispiel Mulch oder Sand aufgefüllt, die Wasserpumpe wird an- oder abgeschraubt. Es wird gepflanzt und die Weidenkonstruktionen werden nachgeflochten. Spielgeräte werden auf Sicherheit kontrolliert, wie in der DIN EN 1176 gefordert, und vielleicht neu gestrichen. Und das naturnahe Gelände wächst weiter, indem zum Beispiel ein Lehmofen oder ein Atrium gebaut wird. Es macht einfach großen Spaß, etwas Neues zu bauen! Wenn die Bauaktionen erfolgreich waren, sind diese Pflege-Termine als soziales Ereignis meist sehr beliebt. Man trifft sich, lernt andere Eltern kennen und kommt beim gemeinsamen Tun auf andere Weise ins Gespräch als bei einem Elternabend. Für Eltern, die neu sind, stellt das zugleich eine gute Gelegenheit dar, den Einstieg zu finden, Anschluss an die vorhandenen Netzwerke zu gewinnen oder eigene aufzubauen.

Anhang

Keine Angst vor großen Zahlen! Eine realistische Kostenberechnung, in die jegliches Material und alle Arbeitskosten einfließen, sind der Ausgangspunkt jedes Bauvorhabens. Wie viele Euro dann tatsächlich fließen müssen, ist im Beteiligungsprojekt abhängig von der Aktivität der Fundraiser, von der Gruppe und vom Engagement der Beteiligten an den Bauaktionen.

Kostenberechnung Projekt Musterhausen

Außenanlagen	Menge		Material	Lohn	Summe EP	GP/Euro
Naturnahe Elemente						
Bachlauf	1,00	psch	409,00	307,00	716,00	716,00
Baumhaus	1,00	Stck				0,00
Feuerstelle aus Schamottsteinen (d = 1,20 m)	1,00	psch	153,00	102,00	255,00	255,00
Findlingsaufgang (Sandstein)	8,00	t	51,00	67,00	118,00	944,00
Findlinge im Gelände -50 cm, 10 Stck	5,00	t	51,00	67,00	118,00	590,00
Findlinge im Gelände -100 cm, 6 Stck	3,00	t	51,00	67,00	118,00	354,00
Fußerfahrungsweg	12,00	lfm	56,00	41,00	97,00	1.164,00
Kletterstammstruktur (8 Stämme)	1,00	Stck	3.680,00	820,00	4.500,00	4.500,00
Knüppeltreppe aus Holz	6,00	Stfn	18,00	26,00	44,00	264,00
Riesen (Inspirito)	5,00	psch			480,00	2.400,00
Sickergrube	1,00	psch	51,00	26,00	77,00	77,00
Sitzstämme	13,00	Stck	43,00	18,00	61,00	793,00
Weidenhäuser (d=3,00 m)	2,00	Stck	205,00	460,00	665,00	1.330,00
Summe						21.137,00
Spielgeräte						
Dreifachschaukel (Sport Gerlach)	1,00	Stck			0,00	0,00
Hängebrücke	1,00	Stck			0,00	0,00
Höhle	1,00	psch	205,00	230,00	435,00	435,00
Kletternetz	1,00	Stck			0,00	0,00
Kletterschräge mit Herkulestau	1,00	Stck	307,00	690,00	997,00	997,00
Rufanlage, 6 Stationen	125,00	lfm	10,00	26,00	36,00	4.500,00
Seillandschaft	1,00	psch			0,00	0,00
Schwengelpumpe	1,00	Stck	613,00	153,00	766,00	766,00

Außenanlagen	Menge		Material	Lohn	Summe EP	GP/Euro
Spielturmerweiterung	1,00	Stck			960,00	960,00
Summe						**7.658,00**

Flächen						
Betonpflaster (Rechteck, grau)	72,50	m²	28,00	13,00	41,00	2.972,50
Mulch	60,00	m²	19,00	8,00	27,00	1.620,00
Pflanzfläche	214,00	m²	18,00	8,00	26,00	5.564,00
Rasen	1.608,00	m²	1,00	4,00	5,00	8.040,00
wassergebundene Decke	175,00	m²	20,00	10,00	30,00	5.250,00
Summe						**23.446,50**

Ausstattung						
Bank Bad Wildbad, Länge 2,00 m (Nusser)	18,00	Stck			0,00	0,00
Pergola, ca. 3,50 x 4,50 m, 10 Pfosten	1,00	Stck			0,00	0,00
Pergola, Trapez, ca. 5,00 x 3,00 m, 12 Pfosten	1,00	Stck			0,00	0,00
Summe						**0,00**

Sonstiges						
Erdaufschüttung	400,00	m³	13,00	10,00	23,00	9.200,00
Wasseruntersuchung	1,00	psch		143,00	143,00	143,00
Zisterne incl. Installation	1,00	Stck	2.045,00	2.198,00	4.243,00	4.243,00
Summe						**13.586,00**

Abbruch, Versetzen						
Bänke versetzen	1,00	psch		18,00	260,00	260,00
Beton aufbrechen u. entsorgen	10,50	m²		18,00	18,00	189,00
Grasnarbe abheben u. entsorgen	320,00	m²		0,70	0,70	224,00
Kantensteine entfernen und entsorgen	147,00	lfm		4,00	4,00	588,00
Oberboden abtragen und seitlich lagern	320,00	m³		2,00	2,00	640,00
Pflanzfläche roden	70,00	m²		8,00	8,00	560,00
Tor, 2-flügelig, 3 m breit versetzen	1,00	psch		470,00	470,00	470,00
Summe						**2.671,00**

Bausumme netto						**65.827,50**
+ 19% Mehrwertsteuer				19,00%		12.507,23
Brutto gesamt						**78.334,73**

Damit am Samstagmorgen auf der Baustelle jeder Freiwillige weiß, wo er oder sie anpacken muss, ist es gut, dies genau zu planen und den Aktiven genügend Zeit zu geben, sich nach ihren Möglichkeiten, für eine Arbeit zu entscheiden.

Arbeitsgruppen für die Bauaktion

Sehr geehrte Eltern,

am Samstag, den .... findet die geplante Umbauaktion des Kindergarten-außengeländes statt. Bitte tragen Sie sich für eine Arbeitsgruppe Ihrer Wahl mit Namen in die Liste ein.

AG I Bachlauf 6 Personen

Verantwortlicher:

AG VI Bepflanzung 6 Personen

Verantwortlicher:

AG II Knüppelstufen 2 Personen

Verantwortlicher:

AG VII Wegefläche ergänzen 4 Personen

Verantwortlicher:

AG III Kletterstammkonstruktion 6 Pers.

Verantwortlicher:

AG VIII Versorgung 5 Personen

Verantwortlicher:

AG IV Kletternetz 2 Personen

Verantwortlicher:

AG IX Kinderbetreuung 5 Personen

Verantwortlicher:

AG V Wassergebundene Wegedecke 7 Pers.

Verantwortlicher:

AG X Öffentlichkeitsarbeit 1 Person

Verantwortlicher:

Bildnachweis

Bildagentur fotolia.com, Berlin:
S. 11, 48 (links): © contrastwerkstatt
S. 12: © emer
S. 16: © Ramona Heim
S. 19: © fothoss
S. 23: © Tommy Windecker
S. 27: © DS-Visionen
S. 30: © st-fotograf
S. 48 (rechts): © Christian Schwier
S. 97: © Sarina Akkathara

Heike Stehr, Moers: S. 13, 37

Wir danken allen beteiligten Kindertageseinrichtungen für die Möglichkeit, im Alltag und bei Bauaktionen zu fotografieren.